Formação continuada de professores e tecnologias digitais em educação a distância

Formação continuada de professores e tecnologias digitais em educação a distância

Jaqueline Maissiat

EDITORA intersaberes

Rua Clara Vendramin, 58 – Mossunguê
CEP 81200-170 – Curitiba – PR – Brasil
Fone: (41) 2106-4170
www.intersaberes.com
editora@editoraintersaberes.com.br

Conselho editorial
Dr. Ivo José Both (presidente)
Dr.ª Elena Godoy
Dr. Nelson Luís Dias
Dr. Neri dos Santos
Dr. Ulf Gregor Baranow

Editor-chefe
Lindsay Azambuja

Editor-assistente
Ariadne Nunes Wenger

Capa
Charles L. da Silva (design)
HelloRF Zcool/Shutterstock (imagem)

Projeto gráfico
Bruno Palma e Silva

Adaptação de projeto gráfico
Sílvio Gabriel Spannenberg

Diagramação
Janaina Benato Siqueira

Dados Internacionais de Catalogação na Publicação (CIP)
(Câmara Brasileira do Livro, SP, Brasil)

Maissiat, Jaqueline
   Formação continuada de professores e tecnologias digitais em educação a distância/Jaqueline Maissiat. Curitiba: InterSaberes, 2017.

   Bibliografia.
   ISBN 978-85-5972-412-7

   1. Arte – Estudo e ensino 2. Educação a distância 3. Educação continuada 4. Professores – Formação 5. Tecnologia educacional 6. Tecnologias digitais I. Título.

17-04211   CDD-370.71

Índices para catálogo sistemático:
1. Professores: Formação continuada: Educação   370.71

1ª edição, 2017.
Foi feito o depósito legal.

Informamos que é de inteira responsabilidade da autora a emissão de conceitos.

Nenhuma parte desta publicação poderá ser reproduzida por qualquer meio ou forma sem a prévia autorização da Editora InterSaberes.

A violação dos direitos autorais é crime estabelecido na Lei n. 9.610/1998 e punido pelo art. 184 do Código Penal.

Sumário

Prefácio, 9

Apresentação, 13

1. Complexidade do ser, do conhecer e do aprender, 22
    - 1.1 O paradigma da complexidade, 25
    - 1.2 Sujeito complexo, 29
    - 1.3 Transdisciplinaridade, 32

2. Interlocuções entre arte, tecnologia e educação: uma perspectiva dialógica, 38
   2.1 Educação: interconexões com as tecnologias digitais, 47
   2.2 Professor de Arte e suas interfaces, 58
3. Complexidade e formação continuada de professores, 70
   3.1 Recursos à prática educativa, 77
   3.2 *Softwares* gratuitos ou livres, 88
4. Ensino e aprendizagem do uso da tecnologia no fazer docente: caminhos percorridos, 92
   4.1 Público-alvo da pesquisa, 99
   4.2 Desenvolvimento do campo de experimentação, 100
   4.3 Caracterização do curso e dos participantes, 108
5. Posicionamento dos docentes quanto às características do sujeito complexo, 116
   5.1 Estratégias para a criação de um curso em EaD pautado na complexidade, 124
   5.2 Considerações sobre o curso, 190

Considerações finais, 193

Referências, 205

Sobre a autora, 223

Apêndice, 225

*Ao meu marido, Edson José Neves Júnior,
e aos meus pais, Salete Perin Maissiat e
Márcio Maissiat, pelo amor e apoio incondicional.*

Prefácio

O ensino de arte enfrenta constantemente desafios advindos das mudanças na sociedade, na educação e na arte; e as inovações tecnológicas representam um dos principais complicadores para a confluência desses campos, de tal forma que torna essa relação um tanto turbulenta, tornando desafiadora a tarefa de traçar um circuito que favoreça ao professor de Arte a criação de sua peculiar docência.

Considerando essa realidade, o presente livro contribui para traçar algumas rotas e discutir possibilidades, ampliando o horizonte da docência nessa área do conhecimento.

A exemplo do que ocorre com a arte, a educação pela arte encontra-se em um campo expandido. Fundamentando-se no pensamento de Edgar Morin e de Mikhail Bakhtin, Jaqueline Maissiat estabelece um duplo olhar direcionado às múltiplas interconexões entre a docência e o paradigma da complexidade, levando-nos ao entendimento de um novo fazer docente.

Ao apresentar-nos uma experiência de um curso de aperfeiçoamento para professores de Arte na modalidade EaD, a autora movimenta os conceitos da teoria da complexidade e da linguagem na estruturação, na aplicação e na análise dos resultados de tal ação. Sabemos que, já há algum tempo, a escola tem enfrentado dificuldades para inserir o uso de novas tecnologias na educação, apesar de as tecnologias de comunicação terem invadido os espaços educacionais. Se antes se restringiam ao laboratório de informática, esses recursos estão agora no bolso da maioria dos estudantes. Nesse âmbito, o professor é um estrangeiro, enquanto os estudantes são, em sua maioria, "nativos digitais", sem, no entanto, refletir sobre tais tecnologias e seus usos. Por esse motivo, urge o educador não apenas falar sobre o assunto, mas vivenciá-lo de forma crítica, o que ocorreu no curso tratado ao longo do estudo relatado nesta obra.

Tenhamos em mente que aprender implica reciprocidade. No caso do docente, a educação permanente é exigência inerente à natureza de sua prática profissional. Nesse esforço contínuo, o educador deve não apenas buscar respostas para suas dúvidas, mas principalmente ter a coragem de fazer suas próprias perguntas, percebendo os desafios impostos pelo contexto escolar ou, até mesmo, criando-os, em um processo que é, basicamente, de pesquisa.

Pesquisar exige rigor e o desenvolvimento de certas características que Edgar Morin descreve como necessárias ao ser complexo. Maissiat analisa os dados de pesquisa apontando essas características no ser complexo que é o professor-pesquisador.

Mais que mera informação – que, como alerta Morin, não é o mesmo que *conhecimento* –, a autora estabelece sentidos e aponta paradigmas. Cabe ressaltarmos uma valoração da docência, por parte da autora, ao tratar o trabalho pedagógico – planejar e ministrar aulas – como um ato de autoria, de autonomia, que de fato exige ética, estética e política. Concebendo, com Tardif (2008), a **educação como arte**, a autora reforça as relações, ou interações, dos atores entre si e destes com os materiais relacionados ao processo de ensino e aprendizagem, apontando a cooperação, a autonomia e a metacognição nesse trabalho.

É preciso destacarmos a **transdisciplinaridade** como um dos focos desta pesquisa, nos termos propostos pelo paradigma da complexidade, bem como a linguagem e suas articulações (Bakhtin), temas por meio dos quais Maissiat desenvolve a ideia de **mediação**.

Se o objeto de estudo foi um curso na modalidade EaD ministrado a professores de Arte, é importante ressaltarmos conceito de *rizoma*, que permeou todo o curso – conceito estruturante da construção dos vídeos que compõem a **DVDteca Arte na Escola**, concebida por Miriam Celeste Martins e

Gisa Picosque. Mesmo não sendo o foco deste livro, o processo rizomático norteou o curso, o qual, conforme descrito pela autora em capítulo específico, foi concebido de forma não linear, possibilitando ao participante o traçado autônomo da sequencialidade do conteúdo. Essa autonomia de percorrer caminhos, traçar direções e fazer escolhas foi o primeiro desafio de muitos cursistas. O curso analisado teve o mérito de estimular a autonomia, a cooperação, a flexibilidade, a afetividade, a transdiciplinaridade e a metacognição, contribuindo para a subjetivação do sujeito complexo que dispõe de processos singulares de criação: o professor de arte, o professor-pesquisador, o professor-artista.

Simone Vacaro Fogazzi[*]

---

[*] Simone Vacaro Fogazzi é artista e professora, mestra em Educação na linha de pesquisa Filosofias da Diferença e Educação, pela Faculdade de Educação da Universidade Federal do Rio Grande do Sul (Faced/UFRGS), especialista em Museologia – Patrimônio Cultural e licenciada em Educação Artística – habilitação Artes Plásticas – pelo Instituto de Artes (IA) da UFRGS, docente de Artes Visuais do Departamento de Expressão e Movimento do Colégio de Aplicação/UFRGS, onde coordena o Programa Arte na Escola UFRGS, inserido na Rede Arte na Escola, Polo UFRGS. Atua no ensino, na pesquisa e na extensão universitária. Como artista visual, pesquisa processos criativos nas poéticas da memória e do tempo.

Apresentação

A *sociedade do conhecimento* ou *sociedade em tempo real*, segundo Squirra (2005), é marcada pelas descobertas e pelos progressos científicos, bem como pelo acesso cada vez mais rápido a uma grande quantidade de informações. Por sua vez, as tecnologias digitais, que apresentam características como a interatividade, a não linearidade e a realidade virtual, atuam como mediadoras na construção do conhecimento (Silva, 2010). Nesse sentido, é de grande valia um professor preparado para interagir com uma geração mais dinâmica e curiosa, como discutido por Veen e Vrakking

(2009), denominada *Homo zappiens*, conhecida também como *geração espontânea*, por seu imediatismo. O ensino tradicional não consegue, por sua estrutura linear, abarcar tais elementos de maneira coerente e satisfatória. Tendo como objetivo o desenvolvimento de um trabalho que pudesse levar o docente a pensar e questionar seu fazer docente, buscamos no **paradigma da complexidade**, desenvolvido por Morin (1998; 1999; 2000; 2002; 2003a; 2003b e 2003c), a base teórica para entender esses dois processos em um campo de ação que engloba fazer docente, educação a distância (EaD) e arte-educação.

Quando se refere ao *sujeito complexo*, denominando-o *auto(geno-feno) eco-(re)organizador*, Morin (2002) apresenta algumas características e ponderações que indicam quem seria esse ser – e é esse ator que deve ser atuante na educação: o professor. Observando-se o campo da educação, especialmente os processos de ensino e aprendizagem das artes visuais, é oportuno pensar nos aspectos que relacionam conteúdo, formação e atuação do professor de Arte. Delineamos, então, o foco destes escritos[*] na formação continuada de professores de Arte, defendendo uma atuação fundamentada nos saberes do campo da complexidade, ou

---

[*] Este livro tem por base a tese de doutorado *Interconexões entre a complexidade e o fazer docente: formação continuada e tecnologias digitais em educação a distância*, defendida pela autora, sob orientação da Prof.ª Dr.ª Maria Cristina Villanova Biazus e coorientação da Prof.ª Dr.ª Magda Bercht, pelo Programa de Pós-Graduação em Informática na Educação da Universidade Federal do Rio Grande do Sul (UFRGS), em 2013.

seja, nos processos que envolvem os seguintes fatores: metacognição, resiliência, autonomia, cooperação, transdisciplinaridade, criatividade, afetividade, subjetivação, flexibilidade e utilização de tecnologias digitais como possibilidade de mediação no processo de ensino-aprendizagem. À medida que os professores se apropriam desses aspectos e (re)visitam determinados conteúdos, novos conhecimentos podem ser construídos e utilizados em sala de aula. Em outras palavras, o professor se torna um mediador na construção do conhecimento de seus alunos, possibilitando-lhes o uso desses recursos para aprender, produzir, observar e vivenciar os processos de criação estética.

As tecnologias digitais como mediadoras no ensino de Arte são analisadas em estudos como o de Biazus (2002), cujo foco é o uso do computador em escolas da educação básica. O ensino de Arte, que engloba tanto novas manifestações artísticas quanto a utilização de novos materiais (Biazus, 2009; Santaella, 2003; Barbosa, 2010), faz apropriação de recursos tecnológicos. Esses aspectos da criação, que acabam sendo manifestados em videoinstalações, em *performances*, entre outros recursos, não fazem parte das práticas em licenciaturas de profissionais que estão atuantes no mercado de trabalho.

De um universo de 5.185 cursos da modalidade a distância (em 2012)[*], nos níveis de extensão, graduação e especialização, consultados do Censo da EaD elaborado pela Associação

---

[*] A relação de cursos pode ser consultada no seguinte *link*: <http://www.abed.org.br/censoead/censoEAD.BR_2012_pt.pdf>. Acesso em: 16 maio 2017.

Brasileira de Educação a Distância (Abed), verificou-se a inexistência da oferta de cursos específicos para professores de Arte que envolvessem as temáticas de *tecnologias digitais* e *arte contemporânea*. Acreditamos que cursos pontuais de Arte e educação possam, eventualmente, ser oferecidos por instituições de ensino de modo a proporcionar maior qualificação aos profissionais que trabalham com essas áreas.

Diante da demanda descrita, analisamos nesta obra a aplicação de um curso em EaD para professores de Arte da educação básica, o qual foi criado com o intuito de apresentar **elementos da arte contemporânea** e a utilização de **tecnologias digitais** como aliadas ao ensino. Para a elaboração do curso, foram observados saberes do campo da complexidade e das tecnologias digitais, como o uso de *softwares* livres ou gratuitos, implementados em um ambiente virtual de ensino e de aprendizagem (Avea). A ação proposta teve o propósito de investigar a possibilidade de a EaD e os processos desenvolvidos no curso nessa modalidade, por um componente de uma **sociedade complexa**, evidenciarem características dos sujeitos envolvidos, ajudando-os em futuras ações.

Neste livro estabelecemos interconexões entre a definição do **ser complexo**, que é aquele auto(geno-feno)eco-(re) organizador (Morin, 1998; 1999; 2000; 2002; 2003a; 2003b, e 2003c) e alguns conceitos de Bakhtin (2006), como: **ato**, **autor**, **cronótopo**, **polifonia**, **intertextualidade** e **enunciação**. Esse duplo olhar se consolida no momento em que os aspectos da complexidade – inerentes a fazeres contemporâneos como um curso em EaD – apontam para uma possibilidade de novo entendimento desse professor, complexo, nas ações de formação continuada. Os conceitos de Bakhtin emergiram na leitura sensível dos diálogos estabelecidos no Avea do curso.

Para exemplificarmos as conceituações que foram trabalhadas, recorremos a Freire (2011) e Contreras (2002) para trabalharmos os conceitos de **autonomia** do ser docente; a Delors (2004), para as conceituações de metacognição; a Tavares e Alarcão (2001), para as ações sobre a importância da resiliência; e a Souza (2005) e Nicolescu (2001) para tratar da intenção e da proposição da transdisciplinaridade*.

O paradigma da complexidade perpassa os processos em todas as instâncias, para que possamos discutir sobre possibilidades, tecnologias e aprendizagem constante.

O mundo encontra-se em uma era planetária (Morin, 2003c), em que a complexidade e os fenômenos que dela emergem apresentam uma visão ternária – não apenas o sujeito e o contexto constituem instâncias, mas também o espaço das interferências do sujeito sobre o contexto em que se situa e do contexto sobre o sujeito. Surgem, então, as relações, que também farão parte do sistema. Temos, então, a seguinte equação: sujeito + contexto = binário + relações = ternário (Moraes; Valente, 2008).

Focamos, diante dessa realidade, o campo educativo e todas as inovações que nele emanam, tendo em vista a utilização das tecnologias digitais, cujo uso encontra-se em escala

---

* Entendemos a *transdisciplinaridade* como algo que transcende as disciplinas, vistas como não opostas, ou seja, como complementares (Nicolescu, 2001).

crescente. Nesse caso, as instituições escolares não podem ignorar as inovações que a tecnologia vem trazendo (Gonnet, 2004; Silva, 2010). O que se constata é que a **tecnologia educacional** está relacionada à prática do ensino fundamentado nas teorias das comunicações e dos novos aprimoramentos tecnológicos (informática, televisão, vídeo etc.), dos diversos tipos de meios de comunicação e da integração de todos esses componentes de forma conjunta e interdependente, por meio de atividades educacionais e sociais.

Barbosa (2010), ao tratar do uso das tecnologias digitais no ensino de Arte, destaca a importância de "não só aprender a ensiná-las, inserindo na produção cultural dos alunos, mas também educar para a recepção, o entendimento e a construção de valores das artes tecnologizadas, formando um público consciente" (Barbosa, 2010, p. 111).

Tendo esses pensamentos em vista, podemos afirmar que, em sua formação permanente ou continuada, o professor não precisa apenas atualizar os conteúdos que são de sua área de atuação, mas também atender à utilização das tecnologias digitais. Para Imbernón (2009), a tendência é que essa formação esteja aliada ao desenvolvimento do **pensamento complexo**:

> a mudança que se pede ao professor na formação é uma mudança simples, mas um processo complexo [...], posto que se trata de uma mudança nos processos que estão incorporados (conhecimento da matéria, o didático, dos estudantes, dos contextos, dos valores, etc.), ancorados na cultura

profissional que atua como filtro para interpretar a realidade. (Imbernón, 2009, p. 89-90)

A complexidade na formação do docente indica não apenas a busca por respostas, mas também a percepção de novos desafios. "É necessário que a formação transite para uma abordagem mais transdisciplinar, que facilite a capacidade de refletir sobre o que uma pessoa faz" (Imbernón, 2009, p. 97). Imbernón (2009) afirma que, para que isso ocorra, são necessários: tempo, tanto para a formação quanto para a mudança de postura; uma base sólida, que apresente altos e baixos, no sentido de ser um caminho sinuoso a percorrer; um período de vivências; e o desenvolvimento atitudinal e emocional do docente.

Para atendermos às temáticas abordadas, nos Capítulos 1 e 2, analizamos alguns escritos de Morin e Bakhtin, respectivamente, trazendo suas conceituações, definições e aproximações teóricas.

No Capítulo 3, apresentamos o ensino na era da mobilidade – contexto em que a educação se encontra –, bem como a importância da alfabetização tecnológica e as possibilidades do EaD.

No Capítulo 4, descrevemos o contexto do professor de Arte e observamos a urgência da sua formação continuada, mencionando tecnologias digitais que podem auxiliá-lo a ser um mediador, além de materiais tecnológicos e suas possibilidades didáticas, com destaque para *softwares* livres e gratuitos.

No Capítulo 5, delineamos a metodologia do curso, em que estabelecemos e descrevemos onde, como e quando se desenvolveu a pesquisa abordada nesta obra.

No Capítulo 6, apresentamos os dados coletados durante a pesquisa, acompanhados de uma análise fundamentada nas bases teóricas adotadas. O que esperamos demonstrar com essas análises são indicativos dos momentos (tempo) em que cada característica atribuída ao sujeito complexo foi identificada. As características que, segundo Morin (1998; 1999; 2000; 2002; 2003a; 2003b e 2003c), são atributos necessários ao ser complexo, reconhecidas neste texto no ser-professor. Esperamos com este material fornecer subsídios para futuros cursos de formação continuada de professores de Arte em EaD, dentro do paradigma da complexidade, bem como reforçar e reestruturar práticas de aprendizagem em Arte que favoreçam a consolidação deste sujeito – professor de Arte complexo – na educação básica.

Capítulo um

Complexidade do ser, do conhecer e do aprender

Já a consistência das evidências é minada, a tranquilidade das ignorâncias é sacudida, já as alternativas comuns perdem o seu caráter absoluto e já outras alternativas se desenham, já o que a autoridade ocultou, ignorou, rejeitou, sai da sombra, enquanto o que aprecia o alicerce do conhecimento começa a abrir fendas.

(Morin, 2003c, p. 26)

Por muito tempo, o pensamento científico teve por missão apresentar os fenômenos da realidade de maneira acessível, mas o que obteve foi a simplificação destes. Sobre a contemporaneidade, Morin (2003c, p. 8) questiona: Como podemos encarar a **complexidade** de maneira simplificada, tendo em vista que se trata de "uma palavra problema e não uma palavra solução"? Ainda nos pensamentos do autor: "Se a complexidade não é a chave do mundo, mas o desafio a enfrentar, o pensamento complexo não é o que evita ou suprime o desafio, mas o que ajuda a revelá-lo e, por vezes, mesmo a ultrapassá-lo" (Morin, 2003c, p. 11).

Ainda de acordo com Morin (2003c), o que chega até nós são apenas informações, cuja transformação em conhecimento depende de nossos esforços e, para tal, é necessário uma organização das informações. Este, por sua vez, passa por uma seleção de dados, separando o significativo do supérfluo. Essa organização é orientada por paradigmas, por nossos conhecimentos prévios e pelos sentimentos que subjazem nossos interesses.

Com relação à construção do conhecimento, deparamo-nos com princípios como **disjunção** (fragmentação do conhecimento), **redução** (fracionamento do todo em partes, as quais podem tomar a importância do todo) e **abstração** (formalização da ciência), que Morin denomina *paradigma da simplificação*. Na fragmentação do conhecimento em campos específicos, surge a inteligência cega, que "destrói os conjuntos e as totalidades, isola todos os objetos daquilo que os envolve" (Morin, 2003c, p. 18). Daí a importância do pensamento complexo, em que a complexidade vem a ser "um tecido [...] de constituintes heterogêneos inseparavelmente associados" ou, ainda, "os tecidos de acontecimentos, [...] que constituem o nosso mundo fenomenal" (Morin, 2003c, p. 20).

Nossas aprendizagens são como um fenômeno de auto-eco-organização, uma atividade complexa que produz autonomia. O que dificulta o pensamento complexo é a incerteza, a mescla entre os fenômenos, fatores que demandam a criação de um novo paradigma, o da **complexidade**. O que há é a certeza da incerteza (Demo, 2000).

A *complexidade* foi, por muito tempo, entendida como uma conotação de advertência ao entendimento. Foi apenas com Von Neumann (1966) que o conceito foi associado aos fenômenos da auto-organização – capacidade que o sistema tem de sempre se transformar, de reorganizar-se (Morin, 2002). A complexidade compreende as incertezas; o acaso faz parte de seu repertório; é uma mistura de ordem e desordem. Nas palavras de Morin (2003c, p. 54), "o simples é apenas um momento, um aspecto entre várias complexidades". Assim sendo, podemos enunciar que o problema humano é **hipercomplexo**.

A relação do sujeito com seu objeto de conhecimento carrega uma potencialidade epistemológica (incerteza, autorreflexão). Conforme Morin (2003c, p. 66), "A epistemologia tem necessidade de encontrar um ponto de vista que possa considerar o nosso próprio conhecimento como objeto do conhecimento". Nesse caso, o indivíduo deve considerar o **ecossistema natural** (aprendizagem por meio do diálogo com o meio) e o **ecossistema social** (determinações, condicionamentos ideológicos).

Necessitamos, então, de uma epistemologia aberta, que ao mesmo tempo seja lugar da incerteza e da dialogia: "a concepção complexa que tentamos elaborar exige e dá os meios da autocrítica" (Morin, 2003c, p. 71). A complexidade exige uma metodologia simultaneamente aberta (que integre as antigas metodologias) e específica (descrevendo as unidades complexas). Essa **ciência nova** traz consigo um novo, multidimensional, conceito de *ciência*. A ciência antiga rejeitou a criatividade, a inventividade, o acaso, o acidente, o cosmos, o sujeito; a ciência nova evidencia tudo isso.

Nesse contexto aparece a figura do **sujeito**, que "emerge ao mesmo tempo que o mundo. [...]. Emerge, sobretudo, a partir da auto-organização, onde a autonomia, individualidade, complexidade, incerteza, ambiguidade se tornam quase caracteres próprios do objeto" (Morin, 2003c, p. 57). Se tamanha é a capacidade de auto-organização, o indivíduo tem uma qualidade chamada *consciência de si*. "O sujeito e o objeto aparecem assim como as duas divergências últimas inseparáveis da relação sistema auto-organizador/ecossistema" (Morin, 2003c, p. 58). Em outras palavras, só existe um objeto em relação a um sujeito e vice-versa.

1.1 O paradigma da complexidade

O ensino na **era da mobilidade** exige um novo paradigma, pois o tradicional já não atende às especificidades do ensino contemporâneo. De acordo com Morin (2003c), o novo paradigma que atende aos pressupostos da atualidade é chamado *paradigma da complexidade*. Esse paradigma extrapola o campo educacional; toda a sociedade está imersa nele, englobando todos os seus âmbitos, seja educacional, seja político ou ecológico.

Entendemos por *complexidade* a observação da realidade de uma maneira crítica e reflexiva, tendo em vista o contexto do observado e levando em consideração o todo, bem como suas partes. A complexidade tem o caráter de autorreorganização, retroalimentação, de algo que está em constante desenvolvimento; por se (re)elaborar incessantemente, é rica em interações e inferências. Portanto, a **ação** é vital à complexidade, assim como à busca por relações primordiais e interdependentes referentes aos aspectos da vida humana (influências internas e externas) – tudo está interligado.

A complexidade mostra que nada deve ser encarado com caráter de finalidade, ou seja, que nada irá permanecer indefinidamente. Ela se situa num ponto de partida para a ação mais rica. É preciso, então, percebê-la para compreendê-la. Exemplo dessa característica da complexidade em nosso cotidiano é que cada indivíduo, ao longo de um único dia, assume distintos papéis e, consequentemente, distintas responsabilidades: ora o indivíduo é professor, ora marido, ora filho, ora pai...

Morin (2003c) afirma, em seu livro *Introdução ao pensamento complexo*, que tanto a ordem quanto a desordem cooperam mutuamente para organizar o universo. Exemplo disso é que o ser humano vive apesar da morte de muitas de suas células, da mesma forma que a sociedade rejuvenesce com a morte dos indivíduos. O paradigma dominante, nesse caso, é o da simplificação, e é também quando começa a reação contra ele. No entanto, para uma mudança paradigmática, citando aqui o paradigma complexo, há todo um esforço social, histórico, profundo e múltiplo a ser concretizado.

Há três princípios que podem ajudar na reflexão sobre a complexidade:

1. **Diálogo** – "o princípio dialógico permite-nos manter a dualidade no seio da unidade. Associa dois termos ao mesmo tempo complementares e antagônicos" (Morin, 2003c, p. 107).
2. **Recursão organizacional** – "um processo recursivo é um processo em que os produtos e os efeitos são ao mesmo tempo causas e produtores daquilo que os produziu" (Morin, 2003c, p. 108).
3. **Hologramático** – "não apenas a parte está no todo, mas o todo está na parte [...]. Portanto, a ideia hologramática está ligada à ideia recursiva, que por sua vez está em parte ligada à ideia dialógica" (Morin, 2003c, p. 108-109).

No âmbito educacional, como Morin (2000) aponta em sua obra *Os sete saberes necessários à educação do futuro*, é imperativo que a educação enfrente o problema do erro e da ilusão, do caráter desfragmentador dos saberes. O conhecimento posto não é dotado de uma "verdade absoluta": ele é passível de ser permeado pelos problemas anteriormente citados: erro e ilusão.

A complexidade também está ligada a contradições que não são percebidas como erros, mas como fonte para o crescimento – pois é no espaço da contradição que se reconstrói. Além disso, ela abre espaço para o desconhecido, para o incerto. É preciso levar em consideração que estamos condenados a um pensamento inseguro, e o pensamento complexo engloba esse fato, pois não há como se fazer previsões, visto que tudo muda, a todo o momento, a uma velocidade surpreendente.

Considerando que o paradigma complexo esteja instaurado em um estabelecimento de ensino, por exemplo, um dos principais tópicos a serem revisitados seria a **avaliação**. Como realizá-la na perspectiva da complexidade? No ensino tradicional, ela tende a ser mais simples, pois utiliza-se uma prova para cobrar apenas determinado conteúdo, anteriormente abordado pelo professor, normalmente com periodicidade trimestral, abrangendo determinada gama de informações. Por outro lado, partindo-se do pressuposto da construção do conhecimento, da incerteza, da possibilidade, da afetividade, enfim, como a avaliação se constituirá? É essencial, assim, que se considere a caminhada do educando.

1.2 Sujeito complexo

Um dos requisitos para se aprender como se aprende é o autoconhecimento aliado à consciência da organização dos esquemas mentais, ou seja, da auto-organização. Morin (2002), elencando os elementos que julga fazerem parte de uma auto-organização, concebe o sujeito como auto(geno-feno)eco--(re)organizador, tendo como base os seguintes pressupostos:

a) organização permanente de um sistema que tende a desorganizar-se pela interação com outros sujeitos e com objetos;

b) reorganização permanente de si com base na autorreferência, isto é, na auto-organização;

c) auto-organização vinculada à geratividade (organização genética que comporta o genótipo) e à fenomenalidade (organização das atividades e comportamentos do fenótipo);

d) organização dependente das interações com o ambiente, sob a forma de ecossistema que oferece ao indivíduo alimento e informações para gerir sua auto-organização.

Portanto, esse esquema é um *continuum,* em uma espiral ascendente; contudo, não se segue necessariamente os esquemas conforme a sequência em que apresentamos tais pressupostos – as características podem ser evidenciadas de maneira aleatória.

Figura 1.1 – Esquema do conceito de auto(geno-feno)eco--(re)organizador

Fonte: Adaptado de Carvalho, 2007.

O sujeito complexo é, ao mesmo tempo, autônomo e dependente. Por exemplo: o ser humano apresenta vínculos indissociáveis com seus genes, pois são eles que ditam o ritmo da existência e da sobrevivência. Nas palavras de Morin (1998, p. 98), "Somos uma mistura de autonomia, de liberdade, de heteronímia e direi mesmo de possessão por forças ocultas que não são simplesmente as do inconsciente reveladas pela psicanálise". Em outras palavras, o sujeito é constituído de características que se mostram antagônicas, mas que, na verdade, são complementares.

O sujeito apresenta uma **estrutura cognitiva** – um complexo organizado resultante dos processos de pensamento por meio dos quais os indivíduos adquirem, organizam e utilizam os conhecimentos. Trata-se de uma estrutura hierárquica dos conceitos que comunicam o significado de alguma coisa e representam uma série de características, propriedades, atributos, regularidades ou observações, fenômenos ou eventos. Essa dinâmica pode ser contemplada em um hiperdocumento* em atividades de experimentação em sala de aula.

Morin (1998), em seu livro *O método 4*: as ideias – *habitat, vida, costumes e organização*, traz o conceito de **noologia**, que consiste na organização das ideias por meio do uso da linguagem. Como explica o estudioso:

> Polivalente e polifuncional, a linguagem humana exprime, constata, transmite, argumenta, dissimula, proclama, prescreve (os enunciados "performáticos" e "ilocutórios"). Está presente em todas as operações cognitivas, comunicativas, práticas. É necessária à conservação, transmissão, inovações culturais. Consubstancial à organização de toda sociedade, participa necessariamente da constituição e da vida da noosfera. [...] Precisamos pensar circularmente que a sociedade faz a linguagem que a faz, que o homem faz a linguagem que o faz e fala a linguagem que o exprime. (Morin, 1998, p. 203-204)

A apropriação das linguagens da comunicação, seja para exprimir, seja para interpretar, é importante para o entendimento dos processos desenvolvidos ao longo do curso objeto da pesquisa que apresetaremos adiante, em que os sujeitos se expressam pela linguagem no ambiente virtual de ensino e de aprendizagem (Avea). A dialógica bakhtiniana

---

* O hiperdocumento permite fazer redirecionamentos para outros espaços.

também foi utilizada para que a dinâmica desses indivíduos fosse compreendida.

> As relações entre os sujeitos dependem das interações entre indivíduos, as quais dependem da linguagem. Esta depende dos espíritos humanos, os quais dependem dela para emergir enquanto espíritos. É, logo, necessário que a linguagem seja concebida ao mesmo tempo como autônoma e dependente. (Morin, 1998, p. 205)

É por meio da linguagem que o sujeito se expressa e tem a possibilidade de comunicar-se com outro sujeito. Com isso, o indivíduo é capaz de estabelecer relações com um de seus pares e se reconhecer nas relações oriundas dessas trocas.

1.3 Transdisciplinaridade

No paradigma da complexidade, a busca é pela **transdisciplinaridade**, entendida como algo que transcende a disciplina, não em um movimento excludente, mas de complementaridade. Buscar o que há de comum em áreas distintas seria, portanto, transitar por várias áreas do conhecimento e promover um diálogo entre elas ou, ainda, transcender o pensamento linear. Em seu livro *O manifesto da transdisciplinaridade*, Nicolescu (2001) afirma que esse termo surgiu nos trabalhos intelectuais de Jean Piaget, Edgar Morin e Eric Jantsch, que, por volta de 1950, apostaram na possibilidade de transgredir as fronteiras estabelecidas pelas disciplinas acadêmicas. Jantsch (1972, citado por Krohling,

2007), distingue *multidisciplinaridade, pluridisciplinaridade, interdisciplinaridade* e *transdisciplinaridade*.

Figura 1.2 – Modelo de Jantsch

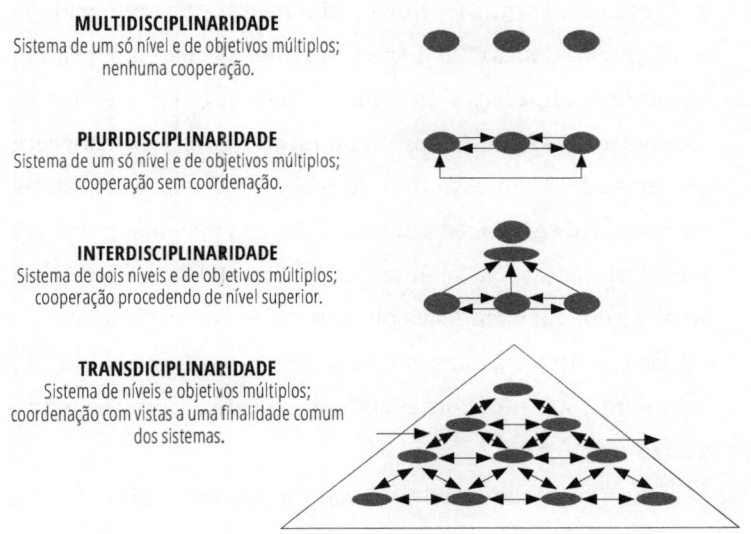

MULTIDISCIPLINARIDADE
Sistema de um só nível e de objetivos múltiplos; nenhuma cooperação.

PLURIDISCIPLINARIDADE
Sistema de um só nível e de objetivos múltiplos; cooperação sem coordenação.

INTERDISCIPLINARIDADE
Sistema de dois níveis e de objetivos múltiplos; cooperação procedendo de nível superior.

TRANSDISCIPLINARIDADE
Sistema de níveis e objetivos múltiplos; coordenação com vistas a uma finalidade comum dos sistemas.

Fonte: Adaptado de Jantsch, 1972, citado por Krohling, 2007, p. 2003.

O conceito de *transdisciplinaridade* remete à união dos conhecimentos, que estiveram fragmentados pela necessidade do homem de conhecer as coisas e o mundo. Como o panorama adquirido em virtude dessa escolha se mostrava tão vasto e complexo, optou-se por especificar áreas de conhecimento para um melhor estudo e aprimoramento. A transdisciplinaridade passou a ser um caminho quando o pensamento puramente disciplinar não conseguia mais dar conta do desenvolvimento humano e científico.

Cabe ressaltarmos que muitos utilizam a **interdisciplinaridade** e a **transdisciplinaridade** como sinônimos, mas não o são. Ambas caminham juntas, mas a primeira é o **percurso**, já a segunda é o **produto**. Ainda há uma visão simplificada, que resulta em práticas equivocadas da interdisciplinaridade, como explica Souza (2005): "para ser interdisciplinar é preciso, no mínimo, a interação entre duas visões da realidade a partir de duas profissionalidades". Há educadores que consideram que estão fazendo esse tipo de trabalho quando, sozinhos, estabelecem relações de um assunto que permeia por duas áreas diferentes. Na realidade, o ato interdisciplinar exige, no mínimo, duas "cabeças pensantes" e, como mencionou a autora, de distintas áreas que possam resultar em um trabalho em conjunto, com objetivos interdisciplinares e fins transdisciplinares.

É um equívoco atribuir toda a responsabilidade da fragmentação do conhecimento à organização curricular, uma vez que o professor tem muitas possibilidades de se (re)inventar em sala de aula. Para tal, é preciso que o profissional reaprenda a aprender consigo, bem como dê espaço ao trabalho em equipe, no qual cada um pode contribuir com suas especialidades, decorrentes de determinadas competências e inteligências, visando à construção de competências e inteligências coletivas. Nas palavras de Souza (2005):

> Em contextos da instabilidade permanente, característicos da contemporaneidade, a inteligência profissional necessária para a efetivação da interdisciplinaridade/

transdisciplinaridade é assumida como a aptidão para pensar e criar estratégias em situações de complexidade (com multiplicidade de informações e incertezas), a partir da avaliação e da reflexão sobre a realidade e da sua coerência com as políticas e os indícios das tendências contextuais.

De acordo com Fazenda (2009, p. 29), os estudiosos da transdisciplinaridade dão ênfase às pesquisas relacionadas "à necessidade do diálogo, à adoção de um olhar transdisciplinar, a questões relativas à complexidade, autoformação, ecoformação e heteroformação". O sujeito complexo é o ator dessas vivências, e, ao abordar o ambiente virtual, foco de nossa análise, será considerado o interator, visto que nele age e interage. Um dos caminhos é buscar a transdisciplinaridade no contexto, pois as coisas que são vivenciadas não são fragmentadas – tudo está relacionado. Isso justifica nossa preocupação em compreender, investigar e propor ações que contemplem a transdiciplinaridade e o ambiente virtual, especificamente desenvolvidas em um Avea em interações à distância.

Capítulo dois

Interlocuções entre arte, tecnologia e educação: uma perspectiva dialógica

As fronteiras da minha linguagem são as fronteiras do meu universo.
(Ludwig Wittgenstein)

Bakhtin dedicou seus estudos e escritos à questão da **linguagem e suas articulações**. O estudioso compreendia que o ato da linguagem vinha carregado de significado, incorporado, por vezes, no enunciado. O que nos interessa neste estudo é tentar criar um ponto de interseção entre a dialogia bakhtiniana e as características da complexidade nas ações e nos processos desenvolvidos em um curso de formação continuada a distância.

O pensador russo reuniu parte de suas proposições filosóficas no que ele denominou *Círculo*. O Círculo de Bakhtin revela que o mundo não chega à consciência sem mediação, a qual atribui sentidos e "enforma" a ação, necessária para o acabamento da atividade criadora (Bakhtin, 2000). A transposição didática, na conceituação de Chevallard, Bosch e Gascón (2001), tem como fim um objeto de ensino, ou seja, a criação de um objeto de saber escolar – produzido pelo sábio/cientista. Ora, sabe-se que esse processo hoje é realizado em equipes, em um ambiente no qual não há essa verticalização de conhecimento, mas uma otimização do processo em que se encontram os "conteudistas", que montam o material didático a ser utilizado no ambiente virtual de ensino e de aprendizagem (Avea). Portanto, há a necessidade de uma mediação, que é essa transposição entre o saber científico (técnico, especializado) e a sala de aula e seus pressupostos.

No ato educativo, o sujeito é entendido "não como fantoche das relações sociais, mas como agente, um organizador de discursos, responsável por seus atos e responsivo ao outro" (Sobral, 2010, p. 24). O indivíduo se torna responsável por suas aprendizagens e pelo seu desempenho, como um agente participativo, em um *continuum*.

A arquitetura dialógica bakhtiniana, segundo Sobral (2010, p. 25), pressupõe que "todo o enunciado cria o novo, mas só o pode fazer a partir do existente, sob pena de não ser compreendido". Nesse ponto, vale apontarmos uma de nossas hipóteses: o professor, por contar com o vídeo como recurso tecnológico, tende a se apropriar de novos recursos, como os informáticos, com mais facilidade.

Para Morin (1998), todas as línguas têm dois aspectos fundamentais: apresentam dupla articulação e línguas desenvolvidas. As linguagens naturais podem ser comuns (aos membros de uma cultura) e correntes (que servem aos diversos usos da vida cotidiana); já as linguagens artificiais permitem sofisticações abstratas. "De fato, o pensamento só pode desenvolver-se combinando palavras de definição muito precisa com palavras vagas e imprecisas" (Morin, 1998, p. 215).

Com base no sujeito do paradigma da complexidade, na Figura 2.1 apresentamos possíveis interlocuções com os conceitos de Bakhtin.

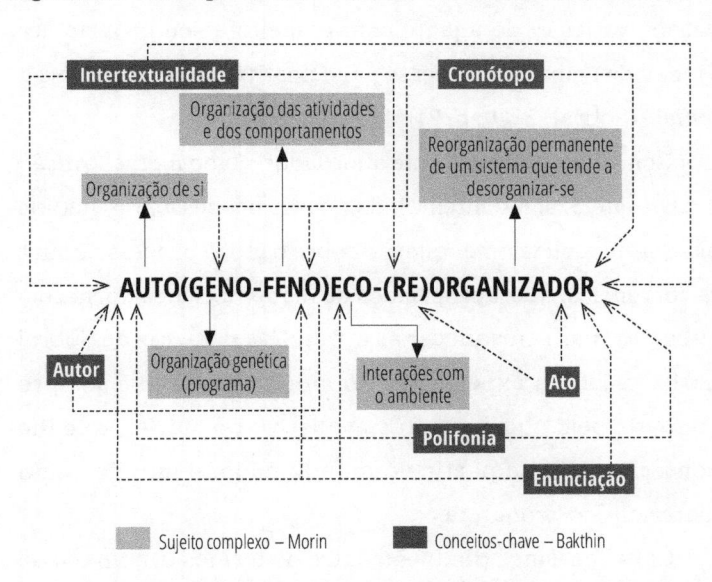

Figura 2.1 – Complexidade e conceitos-chave bakhtinianos

[Diagrama: AUTO(GENO-FENO)ECO-(RE)ORGANIZADOR no centro, conectado a: Intertextualidade, Organização das atividades e dos comportamentos, Cronótopo, Reorganização permanente de um sistema que tende a desorganizar-se, Organização de si, Autor, Organização genética (programa), Interações com o ambiente, Ato, Polifonia, Enunciação. Legenda: Sujeito complexo – Morin; Conceitos-chave – Bakhtin]

As interlocuções ocorrem quando as teorias desses autores convergem e encontram pontos em comum, como mostrado esquematicamente na Figura 2.1. Algumas características perpassam mais de um conceito, uma vez que se relacionam.

No que se refere ao pensamento sobre o **ato no campo educativo**, o professor, atuando em sala de aula, **encena a concretude do conceito**. Ao planejar suas aulas e ministrá-las, o educador está fazendo uma transposição didática, ou seja, aproximando o aluno das linguagens científicas. O docente torna-se responsável pelo que comunica, pois participa do diálogo que se dá nessa relação de ensino e aprendizagem.

A responsabilidade desse ato, o de ensinar, é tratada por Bakhtin, quando o filósofo afirma que o "ato responsável envolve o conteúdo do ato, seu processo, e, unindo-os, a valoração/avaliação do agente com respeito a seu próprio ato, vinculada com o pensamento participativo (*uchastroye, myshlenie*)" (Sobral, 2010, p. 21).

Conceitos anteriormente abordados, como **metacognição** e **resiliência**, são contemplados nesse processo, na medida em que se realiza uma reflexão sobre o ato, o processo e suas decorrências, que, apropriados de maneira crítica, fornecem subsídios para enriquecer as ações. Nas palavras de Sobral (2010, p. 22), "a experiência no mundo humano é sempre mediada pelo agir situado e avaliativo do sujeito, que lhe confere sentido a partir do mundo dado, o mundo como materialidade concreta".

Cabe fazermos distinção entre os termos *evento* e *fato*: "o evento ocorre num dado lugar num dado espaço; os fatos por ele gerados permanecem no tempo e no espaço" (Sobral, 2010, p. 27). Potencializados pela formação continuada do professor, é importante que o evento e o fato, independentemente de tempo e espaço, deem frutos que sejam sempre passíveis de colheita e sirvam de referência para futuros projetos, em todos os âmbitos acadêmicos – formação continuada, curso de extensão, trabalho de conclusão de curso, monografia, dissertação, tese etc.

O ato é compreendido em sua inteireza. Para tal, é relevante pensar não apenas sobre o conteúdo de análise (resultado), mas também sobre o processo como um todo, observando as partes envolvidas para que ao ato seja atribuído sentido. Assim, pensando no ato educativo, o contexto, o aluno, o professor e o conteúdo fazem parte de um objeto de análise, o que encontra acolhida nas teorias aqui comentadas.

O **autor** é quem concebe e pratica o ato. Ao falar de sua vivência, esse agente posiciona-se axiologicamente de frente para essa experiência, pois "precisa dar a ela um certo acabamento, o que ele alcançará se distanciar-se dela, se olhá-la de fora, de tornar-se um outro em relação a si mesmo. Em outros termos, ele precisa se auto-objetificar, isto é, precisa olhar-se com um certo excedente de visão e conhecimento" (Faraco, 2010, p. 43).

Esse processo se dá mediante uma autoavaliação, em que o sujeito (no contexto desta obra, o professor de Arte) faz uma reflexão sobre como sua prática acontece, para que proponha novas possibilidades e caminhos. Ser sincero consigo mesmo possibilita aplicar novos atos e novas estratégias ou fortalecer o que está dando certo. No entanto, desvencilhar-se das amarras da sociedade, daquilo que os outros pensam e do que observam é difícil. Como exprime Faraco (2010, p. 43) sobre o ver a si mesmo: "quando me olho no espelho, em meus olhos olham olhos alheios, quando me olho no espelho não vejo o mundo com meus próprios olhos e desde o meu interior; vejo a mim mesmo com os olhos do mundo – estou possuído pelo outro". O olhar descrito será direcionado de acordo com nossas vivências, no tempo e no espaço em que estamos dispostos.

Bakhtin (2003) propõe a noção de *cronótopo* quando faz a análise, principalmente, dos escritos das viagens de Goethe.

Esse conceito tem relação com o tempo-espaço; o tempo relaciona-se à história; o espaço, ao social:

> A capacidade de ver o tempo, de ler o tempo no todo espacial do mundo e, por outro lado, de perceber o preenchimento do espaço não como um fundo imóvel e um dado acabado de uma vez por todas, mas como um todo em formação, como acontecimento; é a capacidade de ler os indícios do curso do tempo em tudo, começando pela natureza e terminando pelas regras e ideias humanas (até conceitos abstratos).
> (Bakhtin, 2003, p. 225)

Assim, pode-se considerar que os cronótopos se relacionam, fazendo surgir outros cronótopos (Bakhtin, 2003). Cada um tem seu tempo-espaço, e nessas interações de cronótopos nascem outras relações. No momento em que o sujeito se reconhece como um indivíduo com suas particularidades – daí o significado de *indivíduo* – é que ele desenvolve estratégias para se orientar e conviver com o outro; assim sendo, as características de "geno-feno", "eco" e o "(re)organizador" da complexidade podem ser aplicados para descrevê-lo.

Na perspectiva educacional, a noção de *tempo* é discutida na condição de *tempo pedagógico* (Assmann, 2001). Para constituir-se como sujeito aprendente, é importante que o indivíduo aprenda a aprender (metacognição), de modo a gerir suas aprendizagens de forma mais significativa.

Em *Estética da criação verbal*, o discurso em Bakhtin (2003) se concentra na maneira de comunicar-se, falar e escrever, que pode ser **monológica** ou **polifônica**. A primeira diz respeito ao acabado, ao autoritário, algo linear e com fim previsto, que descarta o outro. Já a segunda expressa a realidade em formação, o não acabamento, o dialogismo, a polifonia, o *continuum*, um crescente ascendente. Nas palavras de Bezerra (2010, p. 193), "A passagem do monologismo para o dialogismo, que tem na polifonia sua forma suprema, equivale à libertação do indivíduo, que de escravo mudo da consciência do autor se torna sujeito de sua própria consciência". Nessa perspectiva, a construção de imagem que o ser humano faz de si é interativa, no momento em que se reconhece no outro e reconhece a imagem que o outro faz de seu interlocutor (autoimagem).

É necessário reconhecer que Bakhtin (2003) se refere a essas conceituações no plano discursivo – em obra literária, sobre as personagens que a compõem – mas aqui as transportamos para a realidade cotidiana. Até mesmo se esses personagens forem considerados unificados em um mesmo *eu* (pai, filho, professor, marido...), eles conversam entre si, se completam e não se dissociam.

A **polifonia** é a multiplicidade de vozes. Ela se aproxima da complexidade, pois torna possível a mudança, contempla a incerteza e as possibilidades que surgem das relações. Nisso identifica-se a figura do professor, que, acredita-se, deveria estar em constante movimento, que transita entre o pensar, o agir e o formar-se. O educador acaba por perceber que se encontra em um processo de evolução que nunca se conclui.

Há que se considerar também a **intertextualidade** (Bakhtin, 2003), que vem a ser a incorporação de um elemento discursivo a outro. Esse fenômeno ocorre quando se faz referências, ou seja, quando há incorporação de ideias de outros autores, imagens, sons, obras, entre outras manifestações, à nossa fala. A intertextualidade mostra-se por meio de três processos: citação, alusão e estilização.

A **citação** altera ou confirma o sentido do discurso quando se faz menção a conteúdos de uma área para reafirmar outra – como a matemática presente na composição de quadros renascentistas (artes visuais). A **alusão** é a referência que se faz, mesmo que de maneira direta, a conceituações ou situações de outrora ou que fazem parte do cotidiano. A **estilização**, por sua vez, é a (re)apresentação de um discurso com considerações próprias ou, ainda, a (re)invenção do que está sendo dito (Zani, 2003).

A intertextualidade apresenta um caráter multifacetado. Está presente na atuação do professor quando este faz a transposição didática do conteúdo, assim como no **ato** (conceito anteriormente explicitado). Um exemplo disso, no que se refere à sala de aula, são as questões que relacionam os temas tratados à realidade circundante.

Cada sujeito produz sentidos e atribui significados próprios. Diferentes são as interpretações dadas a determinado conceito, estrutura ou objeto. Pode-se ter um mesmo texto apresentado em contextos distintos, com conotações também distintas. Tudo depende de como esse enunciado é proferido e por quem. Bakhtin chama essa dinâmica de *enunciação*, que é o "processo dialógico em que não só o locutor ou escritor estão envolvidos, mas também o ouvinte ou destinatário implícito ou efetivo" (Clark; Holquist, 2008, p. 185).

O contexto ou o cenário tornam-se cruciais para o significado. São componentes do cenário: o locutor, o ouvinte e o assunto em questão, bem como a entonação do que está sendo proferido, que vem a ser o "meio pelo qual as categorias gerais do espaço e tempo são convertidas em interpretações específicas da realidade" (Clark; Holquist, 2008, p. 226). Isso faz toda a diferença nas relações entre os sujeitos. Sobre os aspectos relativos à educação, a questão da enunciação configura-se na articulação de "forças extrapessoais em situações não recorrentes, apresenta-se sempre preenchida e conteúdo específico" (Clark; Holquist, p. 307).

A enunciação está implícita na complexidade, o que pode ser compreendido quando se considera o todo e as partes e se contextualiza o que está sendo dito, por quem está sendo dito, respeitando-se as peculiaridades, considerando-se as possibilidades e observando-se as incertezas. Nessa perspectiva, o diálogo mostra-se indispensável e insubstituível.

2.1 Educação: interconexões com as tecnologias digitais

Na Grécia Antiga, a união dos termos *téchne* ("arte", "destreza") e *logos* ("palavra", "fala") denotava o "fio condutor que abria o discurso sobre o sentido e a finalidade das artes" (Sancho, 2001, p. 28). Contudo, a *téchne* não era considerada uma habilidade qualquer, pois consistia na aplicação de regras para que determinado resultado fosse obtido.

Segundo Heródoto, a *téchne* constitui-se um "saber fazer de forma eficaz", o que representa uma das primeiras abordagens sobre tal conceito.

Já de acordo com Aristóteles, "a *téchne* é superior à experiência, mas inferior ao raciocínio no sentido de 'puro pensamento' [...]; a tecnologia não é um simples fazer, é um fazer com *logos* (raciocínio)" (Sancho, 2001, p. 28). No decorrer da Idade Moderna, Francis Bacon ponderou que a técnica pode contribuir para o desenvolvimento e o bem-estar da humanidade.

A tecnologia tornou-se sinônimo de *progresso*. É possível perceber, então, que muitas vezes nos deixamos levar pela ideia do imperativo tecnológico e passamos a acreditar que nenhuma ação poderá reverter esse processo. Obviamente, a tecnologia já faz parte do nosso cotidiano e é responsável por boa parte das melhorias na qualidade de vida da população, em maior ou menor escala e velocidade e em áreas que compreendem tanto as ciências quanto a arte. Vale lembrarmos que, sob o prisma do paradigma da complexidade, essas fronteiras se diluem e interpenetram.

Na contemporaneidade, os recursos midiáticos são utilizados tanto na sala de aula, sendo ela virtual ou não, quanto nos ateliês dos artistas. Artistas e professores se valem dessas tecnologias para enriquecerem suas práticas, fazendo da **interatividade** um elemento presente em seus fazeres e em sua mobilidade.

2.1.1 O ensino na era da mobilidade

As tecnologias digitais já não pertencem apenas a pequenos grupos, tornando-se acessíveis para uma parcela crescente da população. Em virtude da "invasão" desses recursos em nosso cotidiano, as escolas também estão se adaptando – é o que se espera – a todas essas novidades; alunos e professores participam de forma cooperativa, entrando em contato com diversas áreas do conhecimento, dinâmica que incentiva projetos transdisciplinares.

Dessa maneira, o professor não é mais aquela figura autoritária, mas um incentivador e um mediador da aprendizagem. A escola, na sociedade atual, perdeu seu papel hegemônico de "transmissão" e "distribuição do conhecimento". Na atualidade, os meios de comunicação, especialmente o rádio e a televisão, ao alcance da maioria da população, veiculam informação abundante e variada de um modo atrativo. Diante dessa situação, as instituições educacionais enfrentam o desafio não apenas de incorporar as **tecnologias educacionais** como conteúdos de ensino, mas também de reconhecer as concepções de que as crianças e os adolescentes dispõem sobre essas ferramentas para elaborar, desenvolver e avaliar as práticas pedagógicas que promovam o desenvolvimento de uma posição reflexiva sobre os acontecimentos e os usos tecnológicos.

Embora não se tenha dúvida de que a incorporação das tecnologias no campo de ensino traga consequências tanto para a prática docente quanto para os processos de aprendizagem, a determinação dessas repercussões não pode se realizar sem o exame das **condições políticas e sociais que estruturam as práticas pedagógicas**. Nesse sentido, "o ensino do futuro consiste na necessidade de humanizar a técnica; é preciso ensinar o uso adequado das máquinas" (Soveral, 2001, p. 21).

Assim, na educação básica, a capacitação e a formação em geral não devem ter como objetivo somente a instrumentalização científica e técnica, o desenvolvimento de aptidões e atitudes apropriadas para a adaptação e a permanência no mercado de trabalho, mas também a **formação de cidadãos críticos e reflexivos**. Isso acontece na etapa do ensino em que o docente solicita aos seus alunos que se posicionem diante do que lhes é apresentado, e é nos momentos de aprendizagem que o aluno demonstra o que se tornou significativo para ele.

A **aprendizagem** é um tema que merece destaque e cujo tratamento exige que se tenha em mente a distinção entre o processo de aprendizagem e o processo de ensino. Ao se falar em *aprendizagem*, estabelece-se uma ligação com o aluno, o qual, na contemporaneidade, busca meios digitais para realizar suas tarefas. Entre esses meios, pode-se citar o grande incremento dos jogos eletrônicos, inclusive em realidade aumentada[*]. As gerações anteriores não dispunham

---

[*] *Realidade aumentada*: consiste no "enriquecimento do ambiente real com objetos virtuais, usando algum dispositivo tecnológico, funcionando em tempo real" (Kirner; Siscoutto, 2007, p. 10). Para saber mais sobre experimentos relacionados à realidade aumentada e à arte, sugere-se a leitura de Silveira (2011).

de tecnologias digitais e as relações e interações na sala de aula eram diferentes.

Na atualidade, tem-se a geração *Homo zappiens*, ou *Geração Z*, termo cunhado pelos pesquisadores Veen e Vrakking (2009) para dar conta das gerações formadas desde a década de 1990, que passaram a usar cotidianamente o computador pessoal e diferentes controles remotos, daí o nome que lhe foi atribuído, advindo de "zapear". Essa geração tende a manipular objetos e executar atividades com maior rapidez, pois, como o que lhes é ofertado é dinâmico e apresenta inúmeras possibilidades, esses jovens acabam por integralizar essa dinâmica em seus comportamentos e suas atitudes. Portanto, essa geração é rápida, ativa, questionadora, por vezes impaciente, e necessita sentir-se envolvida e autora do processo de que participa, tal como a aprendizagem. A Geração Z é ainda referenciada como a dos **nativos digitais** (Prensky, 2001).

Em contraponto ao nativo digital, tem-se o **imigrante digital** (Prensky, 2001), aquele que sai do seu contexto (aqui se fala da infância, primeiros estudos como aluno) e vai imergir no mundo digital. Tal reflexão faz emergir a seguinte realidade: os imigrantes digitais (professor) ensinam o nativo digital (aluno) tendo as tecnologias digitais como mediadoras desse processo – pensando-se em um cenário ideal, pois boa parte dos imigrantes não utilizam os recursos por talvez não se sentirem preparados para tal.

Diante disso, entendemos ser oportuno pensar na formação desse professor para que *imigrantes* e *nativos digitais* sejam apenas designações e que esses autores sejam parceiros no processo de alfabetização tecnológica.

Este estudo está voltado para as aprendizagens em um Avea. Como em modalidades distintas – presencial e a distância – existem algumas particularidades, é importante que as salientemos. No caso de um curso a distância, é necessário que o aluno organize-se para acessar o ambiente virtual e faça as atividades propostas sem dispor de um espaço e uma pessoa (professor) em dado local e tempo dedicados especialmente ao processo de ensino e aprendizagem. O ensino a distância (EaD) requer autonomia e dedicação por parte do aluno. Lembremos que os cursos de capacitação são procurados pelo interesse em aperfeiçoamento, ou seja, é uma busca voluntária, oriunda de uma necessidade pessoal.

No ensino na era da mobilidade, surge uma nova alfabetização: a tecnológica. De acordo com Sampaio e Leite (2004, p. 75), a **alfabetização tecnológica** consiste em

> um conceito que envolve o domínio contínuo e crescente das tecnologias que estão na escola e na sociedade, mediante o relacionamento crítico com elas. Este domínio se traduz em uma percepção global do papel das tecnologias na organização do mundo atual e na capacidade do professor em lidar com diversas tecnologias, interpretando sua linguagem e criando novas formas de expressão, além de distinguir como, quando e por que são importantes e devem ser utilizadas no processo educativo.

É essencial que o educador tenha uma visão crítica diante das tecnologias para poder utilizá-las no processo de ensino e de aprendizagem. Cabe ao educador incorporar ao seu conteúdo programático aquele material que lhe servirá como recurso e analisá-lo. Nesse sentido, o lugar que as tecnologias devem ocupar na educação está diretamente relacionado aos objetivos pretendidos quando o professor busca esse tipo de recurso como forma de expressão. Pode-se dizer, então, que a alfabetização tecnológica é um processo contínuo que, embora não seja simples, não chega a ser penoso ou doloroso. Dedicação, empenho e autonomia são imprescindíveis para que a alfabetização tecnológica ocorra. O professor, em nossa perspectiva, é entendido como um professor aprendiz.

2.1.2 A educação a distância e suas potencialidades para um ensino de qualidade

Segundo Moran (2002, p. 1), a EaD "é o processo de ensino e aprendizagem, mediado por tecnologias, onde professores e alunos estão separados espacial e/ou temporalmente". No que tange às relações, as proximidades acontecem independentemente da relação tempo e espaço.

Na visão de Schlemmer (2005, p. 31), a EaD consiste em "utilizar as tecnologias da internet pra propiciar um amplo conjunto de soluções que objetivam servir de suporte para que a aprendizagem ocorra".

A modalidade de ensino a distância aqui tratada é a relativa ao ambiente virtual, que, segundo Lévy (1999, p. 12), trata-se "de um modo de ser fecundo e poderoso, que põe em jogo processos de criação". Professores e alunos que se utilizam da EaD deveriam articular suas formas de relações e do processo ensino e aprendizagem de maneiras diferenciadas. O aluno de EaD apresenta uma autonomia aparentemente maior que a do aluno presencial, isso porque o primeiro precisa administrar seu tempo voltado para o estudo de acordo com seus anseios e suas perspectivas.

Para uma EaD de qualidade, conceitos como **interatividade**, **cooperação**, **autonomia** e **motivação** precisam perpassar todos os âmbitos, na figura da gestão, do ensino e da aprendizagem. A interatividade, na maioria das vezes, é associada à utilização de recursos informáticos (relação homem-máquina). Nesta obra, a conceituação é mais ampla, englobando a relação entre as pessoas.

Tardif (2008) apresenta três concepções relacionadas à prática educativa: **educação como arte; prática educativa guiada por valores; prática educativa na qualidade de uma interação.**

A **interação** é defendida atualmente por várias correntes: simbolismo interacionista, etnometodologia, teorias da comunicação, da racionalidade, entre outras. No entanto, na concepção de *interação* de Tardif (2008), podem ser encontrados elementos de práticas da Antiga Grécia. Para Sócrates, a arte de educar tem raízes num contexto marcado por interações linguísticas – aqui, a atividade educativa diz respeito à comunicação, ao discurso dialógico, retórico, pois, para os sofistas, ser educado era "saber falar" e "saber argumentar". Tradicionalmente, a atividade educativa foi definida, entre outras acepções, como uma "atividade de interlocução", de "interação linguística" – o "saber falar" e o "saber pensar". No entanto, a noção de *interação* vai além; é mais ampla e abrangente – tendo como pressuposto inicial as ideias de Marx, Durkheim e Weber, indo até teóricos contemporâneos como Parsons, Goffmann, Garfinkel, Schüts, Arendt e Habermas – e pode ser definida como **a forma de atividade na qual os seres humanos agem orientando seus comportamentos uns em relação aos outros.**

Portanto, o agir interativo não consiste em manipular ou controlar, mas resulta de um confronto, de uma relação com o outro. Nesse embate, a relação não é rígida, podendo adaptar-se, moldar-se, ajustar-se. Ações sobre o trabalho e sobre a ética incluem interações entre os indivíduos, as quais são apenas meio para a transformação ou a produção de algo. Podemos afirmar que as categorias *trabalho* e *técnica* estão, de certo modo estruturadas no ser humano, de forma conjunta, lado a lado entre os atores, pois, numa relação desse tipo, a ênfase está na "colaboração mútua".

A ideia de *interação* está associada à natureza social do agir educativo, que envolve comunicação mediada por uma grande variedade de interações. Essa concepção aponta a importância das interações na prática educativa como forma que sustenta o ato educativo. Sobre essa questão, comenta Tardif (2008, p. 165): "A discussão com o outro não é somente um meio educativo; é ao mesmo tempo o meio no qual a própria formação ocorre e a finalidade da formação que pode ser identificada através da aquisição de uma competência discursiva". A interação na EaD se dá por meio do diálogo, independentemente do recurso (*chat*, fórum, *softwares* etc.), entre os atores presentes nessa modalidade.

Para Medeiros, Herrlein e Colla (2003), a **cooperação** é uma dimensão privilegiada, na medida em que auxilia o enfrentamento de problemas ou situações novas. "A cooperação volta-se aos intercâmbios cognitivos e metacognitivos, resultados do trabalho em conjunto e da ação com o outro" (Medeiros; Herrlein; Colla, 2003, p. 90). Essas relações não ocorrem somente entre os professores, mas também entre professores e alunos, ambos os casos com bases e conhecimentos em situações compartilhadas. Hargreaves et al. (2002, p. 116) corroboram a necessidade de cooperação: "O tempo que é dedicado ao planejamento e à reflexão, e às oportunidades para fazê-lo com os colegas e com outras pessoas são elementos de apoio essenciais para um processo de mudança bem-sucedido". Uma ação conjunta é de grande relevância, independentemente de onde é implantada.

Já a **autonomia** remete ao ato de ter 'liberdade": de poder dizer o que se pensa, de propor novas atividades, novas perspectivas, enfim, de poder inovar. Na visão de Contreras (2002, p. 200), "a autonomia tanto faz referência a uma disposição de encontro pedagógico como à qualidade e à consequência deste". Para que essa faculdade seja exercitada de forma adequada, é fundamental que o indivíduo esteja com sua autoimagem e sua autoestima bem delineadas. Fazendo referência à autonomia do docente, Contreras (2002, p. 197) afirma que, ao considerarmos o princípio de que o professor é um profissional reflexivo, podemos "construir a noção de autonomia como um exercício, como forma de intervenção nos contextos concretos da prática onde as decisões são produto de consideração da complexidade, ambiguidade e conflituosidade das situações".

Sobre a **motivação**, Huertas (2001, p. 48) cita um conceito geral, recorrendo à Real Academia Espanhola: "é um ensaio mental de uma ação para animar-se e executá-la com interesse e diligência". O autor ainda afirma que a motivação é um processo psicológico (não meramente cognitivo) e que é preciso considerar o comportamento humano (propósito pessoal). "Se incluem neste processo motivacional todos aqueles fatores cognitivos e afetivos que influem na eleição, iniciação, direção, magnitude e qualidade de uma ação que persegue alcançar um fim determinado" (Huertas, 2001, p. 48).

Finalmente, a **metacognição** pode reforçar a motivação do aprendente (o professor como aprendiz), pois, quando ele sabe gerir seus processos cognitivos, torna-se cada vez mais responsável pelo seu próprio desempenho, aumentando sua autoconfiança.

É inadequado considerar a motivação, um processo endógeno, como explicação da ação, pois há outras causas que também a determinam, como: saber fazer, reconhecer o que é permitido fazer e estar ciente do que se deve fazer. Nos dizeres de Tapia (2005, p. 47): "Há razões não pessoais que podem justificar certas atividades, razões que estão na situação concreta onde se realiza a ação: nas condições físicas e sociais do contexto social".

Segundo Huertas (2001), os principais traços distintos dos fenômenos motivacionais são:

- **Caráter ativo e voluntário** – A ação motivada energiza e não está regulada por uma imposição externa.
- **Persistência no tempo** – A ação flui e adapta-se a cada circunstância.
- **Vinculação com necessidades adaptativas** – Concepção de um estado maior de adaptação e equilíbrio.
- **Participação de componentes afetivo-emocionais** – A ativação motivacional costuma estar carregada de emoção.
- **Direção a uma meta** – Comportamento para eleger, dirigir e persistir para alcançar o objetivo.

Qualidade no ensino, segundo Rios (2001), é sinônimo de algo bom envolvendo uma organização inovadora que, ao mesmo tempo que se deixa flexibilizar (pela interação dos pares), deve contar com recursos disponíveis para experimentações. A qualidade da EaD se concretiza quando a motivação, a cooperação, a autonomia e a interatividade estão agregadas.

2.2 Professor de Arte e suas interfaces

O conceito de **arte** e **educação** vem abrangendo valores, definições e tecnologias durante seu percurso, tornando-se, assim, parte do nosso desenvolvimento histórico e cultural. Na obra *Culturas e artes do pós-humano: da cultura das* *mídias à cibercultura*, Santaella (2003) faz um importante resgate histórico da evolução da arte, principalmente desde o Renascimento (séculos XIV a XVI) até a atualidade. Essa evolução é caracterizada pela integração das tecnologias à arte.

A ideia contemporânea de *arte* foi forjada no Renascimento, período em que houve um desprendimento da dependência religiosa e que as obras começaram a ir para as telas e não mais somente para as paredes das igrejas e templos.

A arte tem um lado material. Ela precisa de recursos para ser produzida e, à medida que são disponibilizados novos recursos, há transformações nessa manifestação humana. Do Renascimento até o século XIX, as artes eram produzidas de maneira artesanal; com o advento da Revolução Industrial, surgiram as máquinas, que podiam ampliar a força física, e a câmera fotográfica. "Tem-se aí o fim da exclusividade do artesanato nas artes e o nascimento das artes tecnológicas [...] uma das ideias mais persistentes na arte do século XX foi a da absorção de novas tecnologias pela criação artística" (Santaella, 2003, p. 152, 155). Esses novos recursos foram incorporados conforme sucederam suas disponibilidades e seus avanços.

Com a revolução eletrônica, novas tecnologias foram criadas e logo foram colocadas à disposição do imaginário artístico. Com a inserção dessas tecnologias na produção artística, a arte passou a chamar-se *tecnológica* ou *midiática*. O universo da arte ganhou a dimensão da interatividade (Zanini, 2003).

Iniciaram-se as parcerias, momento em que profissionais da área técnica começaram a trabalhar com os artistas para darem vida a suas obras.

> Assim, deu-se por iniciado um processo cada vez mais crescente, desde então até os nossos dias, de hibridização das artes e da convivência do múltiplo e do diverso, ampliando sobremaneira a semiodiversidade (a diversidade semiótica) das artes. Essa semiodiversidade foi acentuada pela tecnodiversidade, isto é, pelo enxame de novas tecnologias que iam se tornando, intermitentemente, disponíveis ao artista. (Santaella, 2003, p. 162)

Santaella (2003) apresenta o exemplo de Michael Noll*, cujos primeiros trabalhos datam de 1963, considerado o pioneiro da **arte computacional**. Na década de 1970, surgiu a **arte cibernética**. "Por essa época, no entanto, a representante da arte de ponta nos festivais e eventos já começava a ser a videoarte" (Santaella, 2003, p. 165). Nesse período, ainda surgiram as videoinstalações e ambientações multimídia e Lynn Hershmann foi considerada a pioneira independente da **arte midiática interativa**. De acordo com Santaella (2003, p. 171):

> Antes que se desse a explosão da internet e das novas formas de arte que ela viria crescentemente instaurar a partir dos

---

* Exemplos de trabalhos de arte computacional de Michael Noll podem ser vistos no *site* do Instituto de Teleinformação da Universidade de Columbia (Citi), por meio do seguinte *link*: <http://www.citi.columbia.edu/amnoll/CompArtExamples.html>. Acesso em: 31 maio 2017.

anos 90, uma década antes, com o surgimento da imagem numérica, isto é, imagem produzida por computador, a febre da arte computacional atingiu seu ápice nos experimentos dos artistas com a geração de imagens computacionais e a representação de objetos tridimensionais animados.

No início da década de 1980, surgiu o *videomaker**. O britânico Peter Greenaway, diretor de cinema que faz videoinstalações, é exemplo de artista que trabalha com o auxílio da tecnologia. Ele realiza projeções multimídias sobre algumas pinturas, como A Santa Ceia, de Leonardo da Vinci**.

Outro exemplo, com referência à manipulação digital, é a obra *Nuit Blanche****, do diretor canadense Arev Manoukian. A composição desse vídeo é baseada em fotografias, computação gráfica e gravação de pequenas cenas, criando um cenário fictício. Essa obra ganhou o Prêmio de Animação Computacional no *Ars Electronica***** 2010.

Assim como as videoinstalações, trabalhos envolvendo fotografias manipuladas digitalmente e *performances* fazem parte do nosso cotidiano, cujas linguagens já não causam mais estranhamento.

---

* O *videomaker* também é conhecido como VJ (*vídeo-jockey*). Costa (2011) dedicou sua tese à investigação de uma plataforma interativa que permitisse ao espectador ser interator (VJ). Para maiores informações, consulte Costa (2011).

** Para visualizar esse vídeo, acesse: <https://www.youtube.com/watch?v=CFTs_6C919g>.

*** Para visualizar esse vídeo, acesse: <https://www.youtube.com/watch?v=Vub4R_MBG5U>.

**** Esse evento será comentado pormenorizadamente adiante.

2.2.1 O cenário do professor de Arte

Durante a Idade Média, o artista tinha de fazer sua arte em ambientes e condições mais restritas e quase exclusivamente por encomenda. Na modernidade, em um processo de expansão, ele passou a dispor de um espaço próprio em que poderia se expressar, atendendo não somente à solicitação de particulares, mas também ao seu íntimo, a suas observações e ideias; posteriormente, surgiu o que nomeamos *ateliê*.

O professor – conforme a ideia difundida na Grécia Antiga –, por sua vez, era considerado um tutor, que ensinava seus tutorados (alunos) em suas casas (ensino por encomenda). Tempos mais tarde, em virtude de necessidades culturais e sociais, criou-se a sala de aula e a figura do professor lecionando para um grupo de alunos.

Notemos que os caminhos do artista e do professor se assemelham: do produto (obra, ensino) por encomenda partiu-se para um espaço mais amplo, que permitia maior estrutura para a desenvoltura, no ateliê ou na sala de aula.

Atualmente ocorre algo semelhante com relação ao mundo virtual e às tecnologias. Os artistas e os professores estão se apropriando do tecnológico e das possibilidades de sua utilização (mediação tecnológica) para atingirem seus propósitos e interagir com os seus respectivos públicos-alvo: apreciadores e alunos, ambos interatores.

Como comentamos anteriormente, o campo de atuação tanto de artistas quanto de professores passou de um ambiente mais restrito (particular) para o grande público.

Devemos pensar, então, nos demais protagonistas dessa trama: o observador, o interator e o aluno. Seguem algumas características desses agentes (considerando-se o personagem ideal):

- **Artista** – É aquele que cria, que propõe, que desperta interesse (tanto para o que se entende por *belo* quanto por *grotesco*). Aquele que, por meio de suas inquietações, experiências e críticas manifesta seus pensamentos e sentimentos em suas obras.
- **Professor** – É aquele que está disposto a compartilhar suas aprendizagens por meio do ensino e da transposição didática. É o propositor, o estimulador, o questionador e o incentivador que ouve e está aberto às ideias dos seus alunos e também aprende com eles.
- **Observador** – É aquele que vê de maneira minuciosa e crítica aquilo que está sendo exposto a ele. Leva em consideração seu conhecimento e sua apreciação para tomar uma posição e dar um parecer, ou seja, tentar compreender os motivos do artista na criação daquela obra.
- **Aluno** – É aquele que está disposto a aprender e que se coloca em um papel de curioso, de admirador, de questionador, de inquieto. Seleciona as informações que lhe são apresentadas, tira o melhor do contexto e as transforma em conhecimento, tornando a aprendizagem significativa, atribuindo sentido ao que se conhece.

- **Interator (observador interno e partícipe)** – É aquele que, além de observador, pode deixar suas impressões (de maneira física) na obra do artista, modificando-a. A obra que permite a ação do interator é dinâmica, única em cada interação, móvel e plástica. "As obras participativas permitem o acesso do observador à experiência criativa de uma maneira não só mental [...], mas também factual e explícita" (Giannetti, 2006, p. 111). Giannetti (2000) acrescenta que obra e interator mantêm uma relação de interdependência. Por mais que os mecanismos dispostos fujam da compreensão do interator, este "acredita poder controlar o sistema ou comunicar-se com ele, ainda que tenha consciência de não entender o modo como o faz" (Giannetti, 2006, p. 188).

Explicitamos, assim, as relações entre a figura do professor ou artista, que propõe e deseja fazer transparecer algo, e a figura do aluno, que pode ser observador, aquele que simplesmente olha (por mais que o olhar seja crítico), ou interator, que participa de maneira ativa no processo de ensino e de aprendizagem.

2.2.2 Mediação tecnológica

É evidente que não se resolvem os problemas educacionais apenas com a aquisição de computadores, a conexão à internet ou a exibição de vídeos aos alunos. É preciso repensar a educação. Para isso, é imprescindível **considerar as novas**

realidades e os desafios que elas apresentam para o processo de ensino e aprendizagem.

Embora as tecnologias educacionais venham sendo utilizadas com vistas a tornar o ambiente pedagógico mais familiar ao cotidiano dos alunos e as tecnologias digitais enriqueçam os materiais instrucionais e facilitem a interação entre professor e aluno, convém lembrarmos a **relevância de um planejamento diário**. Este, por sua vez, deve dispor de uma **sólida base teórica**, para o bom andamento das aulas e o desenvolvimento das habilidades que se deseja incentivar ou despertar nos estudantes, assim como para a estimulação das competências necessárias à vida em sociedade.

Compreende-se, então, que as tecnologias são efetivamente educativas quando contribuem para a prática educativa, servindo como uma **ferramenta** à construção do conhecimento por parte do aluno. No entanto, para que isso ocorra de uma forma minimamente satisfatória, são indispensáveis diversos fatores, como um professor disposto a se tornar um mediador do processo de ensino e de aprendizagem e a aprender com o aluno. Além disso, cabe à escola propiciar e incentivar essas mudanças, principalmente no que diz respeito às alterações curriculares. Isso exige um consistente embasamento teórico, que garanta o sucesso dessas transformações, fazendo que elas deixem de ser ideais perseguidos pelos professores e concretizem-se na realidade escolar. Para tal, o docente deve buscar continuamente a **inovação**.

2.2.3 O professor proativo

É imprescindível que o professor se desvencilhe de ideias antigas, salvo se forem úteis como ponto de partida para a inovação, a fim de desenvolver novas práticas pedagógicas ou aperfeiçoar as tradicionais, para seu enriquecimento. A inovação, muitas vezes, é vista como sinônimo de *reforma, melhoria, mudança, renovação, novidade* etc. Em outras palavras, podemos afirmar que consiste em um aspecto ou uma atitude nova ou inédita.

Para Enricone (2004, p. 44), "a inovação aparece como mudança concreta e delimitada, envolve a ideia de modificação do que existe ou da forma de realizá-la. A inovação implica revisão e transformação e pode incluir a ideia de revisão continuada".

Associa-se a esse sentido, o conceito de **proatividade**, característica do indivíduo que "define o que quer e aonde quer chegar; depois busca o conhecimento que lhe permite atingir tal objetivo" (Dolabela, 1999, p. 72). Aplicando essa especificidade à realidade educacional, o professor precisa pensar em novas possibilidades. Para isso, precisa provocar essa mudança, que é primeiramente interna e, posteriormente, externa, ou seja, primeiramente, ele precisa mudar seu pensamento e suas estratégias para depois fazer uso deles em sua prática.

Como temos apontado, nesta obra destacamos a formação desse professor, pois cabe a ele aprender a aprender e também estar preparado para a incerteza, para o inesperado.

A **metacognição** aparece como potencializadora do processo de ensino e de aprendizagem. Segundo Ribeiro (2003, p. 109), "etimologicamente, a palavra *metacognição* significa para além da cognição, isto é, a faculdade de conhecer o próprio ato de conhecer, ou, por outras palavras, conscientizar, analisar e avaliar como se conhece". No momento em que existe a consciência de como se aprende, cria-se a possibilidade de criar/desenvolver estratégias de aprendizagem que se tornem ricas de significado.

Um dos pontos fortes é o aprender a aprender citado por Delors (2004). Também é muito importante que o professor adote uma postura de plasticidade, ou seja, de adaptação às situações que compõem o ambiente cultural em que está inserido, não esquecendo dos objetivos que pretende alcançar. O profissional que pratica o aprender a aprender "sabe tirar lições da experiência. Ele sabe transformar sua ação em experiência e não se contenta em fazer e agir. Faz da sua prática profissional uma oportunidade de criação de saber" (Le Boterf, 2003, p. 77).

Em face das especificidades da sociedade contemporânea, é indispensável "formar e preparar pessoas para o incerto, para a mutação e para as situações únicas e até chocantes que lhes exijam um maior esforço para a paz e desenvolvimento de maiores capacidades de resiliência" (Tavares; Alarcão, 2001, p. 103). Portanto, demanda-se do docente a capacidade de atuar em contextos novos, que surpreendam, positiva ou negativamente. Essa capacidade precisa alavancar, por exemplo, novas discussões e possibilidades, abrir caminhos para novas aprendizagens. Em outras palavras, o profissional precisa ter **resiliência**, que é a habilidade de superar adversidades (Tavares, 2002).

Tanto a metacognição quanto a resiliência podem ser estimuladas por meio da formação continuada ou permanente dos professores. Esses elementos incorporam o cenário da complexidade na formação docente.

Capítulo três

Complexidade e formação continuada de professores

A formação continuada ou aperfeiçoamento requer investimento, financeiro e de tempo, e vontade. Às vezes, o tempo é o principal obstáculo, já que muitos professores assumem três turnos de jornada de trabalho. Uma das formas de contornar a falta de tempo e ainda despender menos dinheiro é a realização de cursos por meio da educação a distância (EaD).

A EaD tem sido difundida no mundo, sendo perceptível o aumento do número de cursos nessa modalidade de ensino, caracterizando um novo fenômeno. Os cursos elaborados são de extensão a pós-graduação, como registrado no Anuário Brasileiro Estatístico de Educação Aberta e a Distância (AbraEAD), o qual, em sua edição de 2008, indicou que 1 em cada 73 brasileiros estudavam na modalidade a distância. Esse número só tem aumentado nos últimos anos (AbraEAD, 2017). O crescimento exponencial da EaD mostra-se inevitável, aparecendo como possibilidade e como avanço na educação. Essa modalidade está inserida cada vez mais na vida acadêmica e apresenta-se como alternativa de acesso à formação, considerando que muitos dos professores aprendizes não têm meios de deslocamento, mas têm conexão à internet.

De acordo com Medeiros, Herrlein e Colla (2003), há dimensões que permeiam a EaD em todos os seus aspectos: **interatividade, cooperação, autonomia e desejo**. Nesta obra, em vez do termo *desejo*, utilizamos a palavra *motivação*. *Desejo* remete a um querer, já *motivação* pressupõe a busca por estratégias e a previsão de possibilidades, usando a inventividade para que os planos se concretizem – pensando essas dimensões na perspectiva da EaD, na educação básica e no auxílio na formação de seus professores (Huertas, 2001).

Consideramos a EaD um veículo de formação de professores de Arte, foco de nossa investigação. Na contemporaneidade, o artista (bacharel em Artes) e o professor (licenciado em Artes) já está inserido no mundo digital. Isso pode ser observado, por exemplo, nos currículos dos cursos presenciais ou a distância em Artes Visuais da Universidade Federal do Rio Grande do Sul (UFRGS)*, que dispõem de um laboratório de arte e ensino e arte e tecnologia digital, em que as tecnologias podem ser observadas, estudadas e aplicadas.

Diante desse contexto educacional e de arte, em que há apropriações das tecnologias digitais de comunicação e informação, analisaremos adiante, sob o prisma da mediação tecnológica, o espaço em que a educação (sala de aula e ambiente virtual de ensino e de aprendizagem – Avea) e arte (ateliê** e ambiente virtual) acontecem. Esse cenário é descrito por poucos; consequentemente, a relação entre **arte e EaD** parece ainda como algo a ser explorado (Biazus, 2009). Quanto às relações entre **arte** e **tecnologia**, citamos os trabalhos de Biazus (2002, 2009), Barbosa (2010), Barbosa e Cunha (2010) e Santaella (2003, 2005).

As novas tecnologias de comunicação e informação (TICs) constituem recursos didáticos nos processos educacionais quando o professor faz uso adequado dessas mídias em sala de aula. Nesse sentido, o professor seleciona o melhor momento e o melhor recurso a ser utilizado. No entanto,

---

* Os currículos da licenciatura e do bacharelado em Artes Visuais da UFRGS podem ser acessados pelo seguinte *link*: <http://www1.ufrgs.br/graduacao/xInformacoesAcademicas/habilitacoes.php?CodHabilitacao=0&CodCurso=303&sem=2017012>. Acesso em: 27 abr. 2017.

** Espaço onde o artista dedica-se à elaboração de suas obras.

questionamos: Qual será o recurso mais adequado para aquele conteúdo? Onde procurar recursos? Como utilizá-los? Há a necessidade de um tipo específico de conhecimentos para usá-los? Há como escolher entre as ferramentas disponíveis na internet?

No ensino de Artes Visuais, os recursos tecnológicos são instrumentos para o ensino da disciplina, e é importante que os professores saibam manejá-los. No caso dos recursos informáticos, o enfoque não se dá no conhecimento de programação de determinado *software*, mas na capacidade de utilizá-lo, observando-se sua prática. Como as tecnologias estão em constante mudança, os professores de Arte necessitam acompanhá-las. Urge, assim, a formação continuada desses educadores para a utilização das tecnologias digitais de comunicação e informação (Barbosa, 2010).

Entendemos que a formação continuada pode estimular a metacognição, pois nela o educador se aperfeiçoa, revê suas teorias e concepções. Sobre o termo *formação continuada*, consta a seguinte definição na *Enciclopédia de Pedagogia Universitária*:

> iniciativas de formação no período que acompanham o tempo profissional dos sujeitos [...] [podem apresentar] formato e duração diferenciados, assumindo uma perspectiva da formação como processo. Tanto pode ter origem na iniciativa dos interessados como pode inserir-se em programas institucionais. (Cunha; Isaia, 2003, p. 368)

Algumas atitudes colaborativas reduzem a incerteza do professor e aumentam sua eficiência. Fullan e Hargreaves (2000) indicam tipos de relações colegiadas: **busca de informações** e **relatos de histórias; ajuda e auxílio; trocas; trabalho conjunto**. A interdependência é valorizada porque nela o indivíduo se sente parte de um grupo e do trabalho em equipe. "Na escola, com uma profunda cultura de colaboração, todos os professores são líderes [...] [As escolas colaboradoras] não podem obter sucesso se não estabelecem relações fortes de trabalho com os pais e a comunidade" (Fullan; Hargreaves, 2000, p. 70).

O que não pode imperar é a **balcanização***, pois ela é "uma cultura composta por grupos separados e, por vezes, competitivos, lutando por posições e por supremacia" (Fullan; Hargreaves, 2000, p. 71). A existência desses grupos desperta visões diferentes sobre a aprendizagem, o ensino, a disciplina e o currículo.

São vários os meios e recursos para que o professor de Arte possa dedicar-se a sua formação continuada. Além de fazer visitas reais e virtuais a museus, o professor pode frequentar eventos relacionados à arte eletrônica (arte digital) para atualizar seus conhecimentos sobre arte contemporânea; nesse ponto, podemos fazer uma relação direta com os

---

* "No contexto da análise cultural contemporânea, frequentemente acusa-se a chamada 'política de identidade' de ser responsável pelo processo de 'balcanização', pelo qual os grupos sociais que são objetos de alguma forma de pressão dividir-se-iam em infinitos e minúsculos grupos que se reuniriam em torno de identidades pouco abrangentes" (Silva, 2000, p. 21).

recursos informáticos: assim como a informática atualiza seus recursos, a arte contemporânea, que também se vale dela, está em constante atualização. A formação continuada não proporciona apenas um saber a mais – ela significa **atualização**.

Como exemplo de pesquisa internacional, cita-se o evento Ars Electronica*, que acontece anualmente em Linz, na Áustria, há três décadas, expondo obras relacionadas a vídeo, música, *performances*, entre outras.

A formação do professorado, embebida da vertente da complexidade (Imbernón, 2009), mudaria a atual linearidade das ações educativas, apresentando problemáticas reais, considerando a incerteza e o imprevisto. Apreciar o mundo por esse prisma permite entender os fenômenos que ocorrem no campo educativo e as relações surgidas daí. Considerando o pensamento complexo e o ser-professor que nesse mundo transita, atentamos para as seguintes características:

- **Metacognição** – Desenvolvimento da habilidade de aprender como se aprende.
- **Resiliência** – Possibilidade de reagir de maneira positiva e criativa diante de situações adversas.
- **Autonomia** – Capacidade de ir além do que está estabelecido e proposto.
- **Cooperação** – Percepção de pertencimento e compreensão de que, com a participação de outras

---

* Todas as obras do acervo da exposição ficam disponíveis no seguinte *link*: <http://www.aec.at/news/en/>. Acesso em: 4 maio 2017.

pessoas, é possível fazer um bom trabalho, que seja produtivo para todos.

- **Transdisciplinaridade** – Trabalho pautado na noção de que os conceitos e conteúdos podem estar conectados.
- **Criatividade** – Aplicação de novas perspectivas e proposição e outras práticas.
- **Afetividade** – Efeito criado pelo que nos afeta, nos sensibiliza, tanto para o bem quanto para o mal. O afetivo faz parte de nós, não separamos o que sentimos de acordo com o local em que se estamos.
- **Subjetivação** – Indissociabilidade do nosso pensar, do nosso sentimento e do nosso fazer.
- **Flexibilidade** – Capacidade de se adaptar a novas situações. Cada momento é único, assim como são únicas as pessoas envolvidas – todos têm seu ritmo, sua velocidade e sua amplitude. A flexibilidade faz parte de um ambiente complexo.

Um dos meios que viabilizam a formação continuada é a EaD. Focamos nesta obra essa modalidade de curso porque ela favorece a observação de alguns aspectos a serem trabalhados com os professores, como o desenvolvimento da autonomia, a flexibilidade e a cooperação. Alia-se a essas especificidades o fato de se poder atingir uma quantidade maior de professores de vários lugares do país, favorecendo a troca de experiência entre os pares. Recursos tecnológicos, como os *softwares* livres ou gratuitos, podem ser apresentados, sendo partilhados de forma cooperativa entre os atores do processo.

3.1 Recursos à prática educativa

Os recursos comunicacionais e informáticos estão à disposição para utilização em diversos ambientes, incluindo o educacional. Como e quando esses recursos passam a compor esse cenário depende não só de sua disponibilidade, mas também de como eles são abordados em sala de aula. A exemplo do que explicamos no capítulo anterior, sobre a apropriação das tecnologias pela arte (Santaella, 2003), o que se espera na educação é que isso também aconteça. Na verdade, isso vem acontecendo, mas a passos lentos, pois na educação são muitos os atores (professores, alunos, instituição) a compor esse cenário e é urgente a mobilização vigorosa e constante por parte de todos.

Todo e qualquer recurso a ser utilizado na prática educativa merece atenção. A simples indicação de outro profissional não é sinônimo de sucesso em sua utilização. Antes de procurar um recurso, o professor deve ter definido o conteúdo a ser trabalhado, bem como o objetivo que se pretende alcançar. Nessa perspectiva, a tecnologia é mediadora de aprendizagens, e não um simples reprodutor de conteúdo: não há por que fazer uso de algo novo com práticas antigas.

Para ilustrar, citamos uma animação que circula pela internet e que revela a prática de uma professora em sala de aula para apresentar o conteúdo da tabuada. No vídeo, é possível ver chegar o diretor à porta de sua sala, dizendo que a escola se tornará moderna, que receberá novos equipamentos e que cada aluno terá seu computador. Em outro quadro aparecem todos os aparatos tecnológicos em evidência, a sala de aula moderna, mas o professor com o mesmo método, ou seja, apenas houve a substituição do quadro negro pela tela do computador*. Há necessidade de mudança real. "Mudar envolve, necessariamente, transformação na maneira de pensar e de agir no espaço educacional, impulsionando o rompimento de paradigma quanto às nossas atitudes em relação ao processo de conhecer" (Schlemmer, 2005, p. 47).

A mudança pretendida requer, além da disponibilidade dos equipamentos, a formação dos professores para que possam utilizá-los. E nada melhor do que a formação desses docentes em um ambiente virtual específico, para que possam não só aprender sobre a tecnologia, mas tenham de vivenciá-la. Portanto, ao se dar ênfase às tecnologias digitais aliadas à sala de aula, o Avea surge como caminho para a formação de professores para o uso desses recursos.

3.1.1 Ambiente virtual de ensino e de aprendizagem

Neste livro, abordamos a modalidade EaD, especificadamente no que se refere ao ensino em Aveas, que consistem em "cenários que habitam o ciberespaço e envolvem interfaces que favorecem a interação de aprendizes. Inclui ferramentas para atuação autônoma, oferecendo recursos para aprendizagem coletiva e individual" (Noronha; Vieira, 2005, p. 170).

---

* Para visualizar esse vídeo, acesse: <https://www.youtube.com/watch?v=iUGMgw4MK64>.

A crescente oferta de cursos indica que a EaD vem se consolidando e sendo mais procurada, tanto que universidades e empresas oferecem cursos de capacitação docente nessa modalidade. Instituições de ensino superior que dispõem de infraestrutura passam a oferecer aulas em EaD para seus alunos como modalidade integrante do currículo presencial, pois o Ministério da Educação (MEC), por meio da Portaria n. 4.059, de 10 de dezembro de 2004 (Brasil, 2004), permite que 20% das aulas ministradas em determinado curso sejam realizadas virtualmente.

São vários os Aveas disponíveis. Alguns apresentam acesso mais restrito, demandando um servidor para sua instalação e atualização; outros podem ser acessados diretamente pela internet. Na sequência, apresentamos alguns exemplos de plataformas.

Web 2.0

O Web 2.0 é um ambiente que disponibiliza grande parte de sua estrutura gratuitamente, sendo preciso apenas um cadastro para iniciar sua utilização. O público-alvo da plataforma são professores e alunos da educação básica e ensino superior (há *logins* específicos para acompanhamento de pais e administradores escolares, quando requisitado). Nesse ambiente, o usuário pode criar turmas, fazer cursos e deixar seu material público ou não. O interessante desse ambiente é que ele foi originalmente desenvolvido na língua inglesa e voluntários se cadastram para traduzi-lo em outras línguas.

Atualmente, essa ferramenta está traduzida para 33 idiomas, atingindo cerca de 500 mil usuários.

Projeto Aprendi

O Projeto Aprendi foi desenvolvido pelo grupo de pesquisa Núcleo de Estudos Subjetivação, Tecnologia e Arte (N.E.S.T.A.), sob coordenação da Prof.ª Dr.ª Maria Cristina Villanova Biazus. Esse portal objetiva atender professores da educação básica que atuam na área de Artes. Permite cadastro para professores, alunos e visitantes, além de um espaço para registro de turmas e envio de atividades por parte dos alunos. Conta ainda com uma curadoria virtual que apresenta obras do acervo do Museu de Artes do Rio Grande do Sul (Margs), entre outras atividades.

Rooda

O ambiente virtual Rooda, assim como as plataformas Moodle Institucional e NAVi, a serem comentados adiante, é disponibilizado pela Universidade Federal do Rio Grande do Sul (UFRGS) e foi desenvolvido pelo Núcleo de Tecnologia Digital Aplicada à Educação (Nuted), sob a coordenação da Prof.ª Dr.ª Patrícia Alejandra Behar. Foi concebido para atender alunos e professores da instituição universitária. Na etapa de criação das turmas, é disponibilizada uma relação de opções de *layouts* e de ferramentas que farão parte da sala de aula virtual.

Moodle Institucional UFRGS

O Moodle Institucional foi criado com base no Moodle. Ao instalar o sistema em um servidor, o usuário tem a possibilidade de customizá-lo e selecionar recursos e ferramentas disponíveis para compor a estrutura que desejar. A customização é definida pela própria universidade, e os professores têm a possibilidade de abrir turmas, vinculadas diretamente ao sistema de matrícula. Uma vez cadastrada a turma, os alunos nela matriculados são vinculados automaticamente ao ambiente. Os cursos de extensão da UFRGS podem ser cadastrados nesse ambiente.

Figura 3.1 – Ambiente virtual Moodle Institucional UFRGS

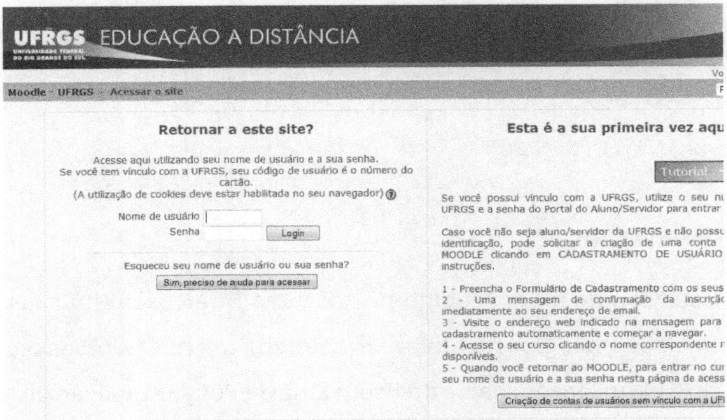

www.moodinstitucional.ufrgs.br

NAVi

O ambiente NAVi é dedicado ao uso dos professores da UFRGS. Oferece ferramentas comumente disponíveis em plataformas virtuais, como fórum e *chat*, e conta com um espaço de biblioteca digital no qual alunos e professores podem compartilhar arquivos nas extensões *.doc*, *.pdf*, entre outros. Foi desenvolvido pelo Núcleo de Aprendizagem Virtual (NAVi), sob a coordenação do Prof. Dr. Luis Roque Klering.

Figura 3.2 – Ambiente virtual NAVi

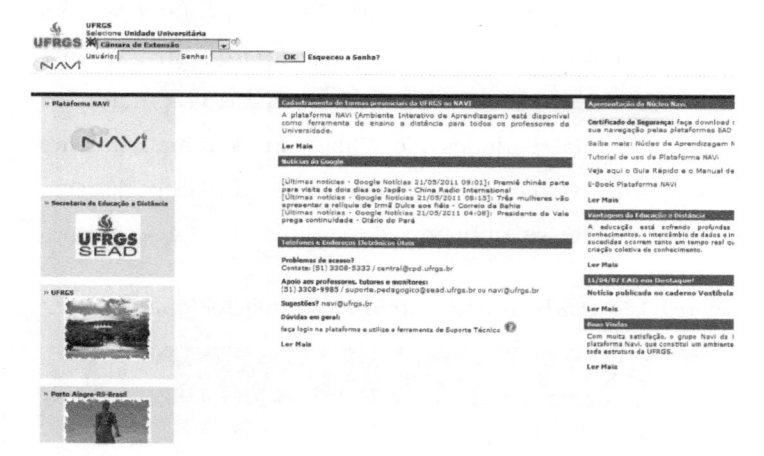

Fonte: NAVi UFRGS, 2017.

Moodle Cinted

Esse Moodle foi concebido pelo Centro Interdisciplinar de Novas Tecnologias na Educação (Cinted), um dos Centros da UFRGS que fazem parte do Programa de Pós-Graduação em Informática na Educação (PGIE). Os elaboradores optaram por certas configurações preestabelecidas e fizeram seu *layout*. Esse ambiente permite que os professores vinculados ao Cinted e ao PGIE cadastrem turmas e criem cursos.

Nessa plataforma, para a criação de uma turma basta o encaminhamento de uma lista de *e-mails* com os nomes dos futuros alunos para o suporte responsável, sem necessidade de vínculo com a UFRGS.

Figura 3.3 – Ambiente virtual Moodle Cinted

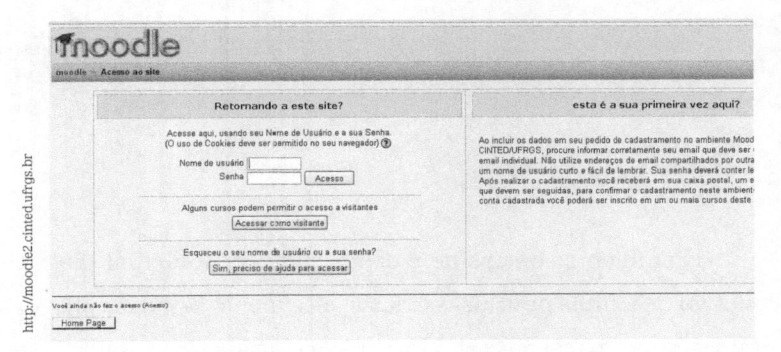

TelEduc

O Tel Educ foi desenvolvido pelo Núcleo de Informática Aplicada à Educação (Nied), sob a orientação da Prof.ª Dr.ª Heloísa Vieira da Rocha, do Instituto de Computação da Universidade Estadual de Campinas (Unicamp). Possibilita criar cursos e turmas por meio de um simples cadastro. Dispõe de várias ferramentas e cabe ao professor selecionar as que pretende utilizar.

Figura 3.4 – Ambiente virtual TelEduc

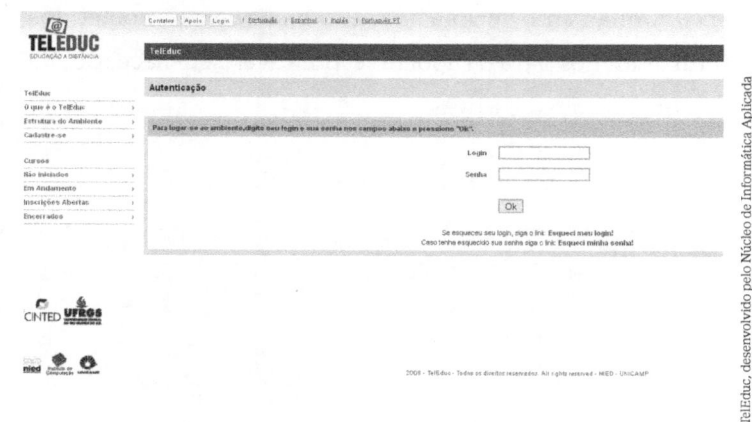

Os ambientes de ensino e de aprendizagem virtual são motivo de muitas pesquisas e desenvolvimento de novas plataformas por parte de várias instituições, sejam elas públicas, sejam privadas.

3.1.2 Ferramentas dos ambientes virtuais de aprendizagem

Os Aveas dispõem de ferramentas que auxiliam no processo de construção do conhecimento, as quais são apresentadas a seguir:

- **Fórum** – Espaço que permite uma comunicação assíncrona, ou seja, que não ocorre em tempo real, em que os usuários podem deixar suas postagens para posteriormente serem lidas por quem acessar o material. Normalmente, o responsável por esse ambiente dá início à interação entre os usuários com uma pergunta para desencadear um debate. A recomendação para todos que usam esse recurso é que leiam as mensagens postadas anteriormente, para que não só se inteirem do que está sendo discutido, mas para que também possam fazer novas contribuições ou até mesmo acrescentar pontos de referência ao que foi anteriormente dito.

- ***Chat*** – Ferramenta síncrona de comunicação, a qual permite que duas ou mais pessoas se conectem em um mesmo canal e conversem em tempo real. A organização é fator fundamental para a utilização desse recurso. Para que as discussões transcorram com maior eficiência, é recomendável formar grupos pequenos que contem com um moderador, caso contrário, podem acontecer diversas conversas cruzadas e o objetivo, que foi o gerador da discussão, pode se perder.

- **Enquete** – Recurso por meio do qual se pode fazer uma pesquisa de opinião entre os alunos, com relação a temas previamente escolhidos. As respostas dos participantes podem ou não ser expostas, dependendo do objetivo norteador. Um exemplo de utilização dessa ferramenta é escolher grupos de trabalho de acordo com determinada temática.

- **Glossário** – Quando algum conteúdo está sendo (re)visto, a compreensão de conceitos faz-se necessária para que a aprendizagem ocorra. Esses conceitos-chave podem estar presentes em um glossário, que pode ser construído de maneira coletiva ou individual, tanto pelos tutores quantos pelos alunos. Uma atividade a ser proposta é que, à medida que os materiais sejam vistos, os próprios usuários criem e definam os termos. Essa proposta pode até funcionar como avaliação do nível de compreensão dos alunos.

- **Wiki** – Página na qual é permitida a escrita colaborativa: várias pessoas autorizadas pelo autor do documento podem fazer contribuições, inclusões, exclusões e inserções de imagens num mesmo documento. A ideia é que os colaboradores não se identifiquem, pois ali está sendo colocada a opinião do grupo que está compondo o texto. Uma desvantagem desse recurso é que não é possível fazer produções textuais simultâneas, ou seja, apenas um usuário de cada vez pode acessar o documento.

Em um curso de formação a distância, as ferramentas citadas são comumente utilizadas, pois permitem a comunicação com todos os atores do curso (professor, tutor e aluno) de maneira colaborativa, tornando a distância física um mero detalhe.

3.1.3 Atores do ensino virtual

A sala virtual de aprendizagem difere em muitos aspectos de uma sala de aula presencial: pela estrutura, pela questão da temporalidade, pelas possibilidades de discussões e pelos atores que compõem esse cenário. Diferentemente da sala de aula tradicional, em que os personagens são o professor e o aluno, outros membros fazem parte desse espetáculo na EaD. Os principais são[*]:

- **Professor formador** – Professor responsável pelo planejamento da disciplina a ser ministrada. Suas atribuições envolvem: estabelecimento de objetivos; seleção de conteúdos, bibliografia e recursos a serem utilizados; elaboração e aplicação da avaliação. Esse profissional deve ficar à disposição do tutor a distância durante todo o decorrer da disciplina, mas não estabelece contato direto com os alunos.

- **Tutor a distância** – Profissional com formação na área do curso que fará o acompanhamento do aluno durante seu aprendizado, fazendo a mediação entre o conteúdo e os estudantes e aplicando a avaliação.

- **Aluno** – Aprendiz que tem ou desenvolve durante o curso algumas características. Esse aluno tem de ser autônomo, pois não estão predeterminados local e hora de estudos e as indicações de leituras. Portanto, o aluno precisa organizar o próprio tempo de estudo. Na EaD, o estudante deve conceber estratégias para dedicar-se aos estudos, descobrir seu perfil de aprendizagem (metacognição), de modo que seu aprendizado seja significativo.

- **Equipe de suporte** – Pessoas acionadas quando professor, tutor ou aluno tem alguma dificuldade técnica

---

[*] Nesse caso, fazemos referência a cursos que são completamente a distância, sem encontro presencial.

no que tange à estrutura do curso, ao Avea, ao *design* da plataforma, aos problemas de acesso, como perda de senha. Caso ocorram dúvidas quanto à utilização de *software* específico de alguma disciplina, o responsável é o tutor a distância, por se tratar de parte do componente curricular da disciplina.

3.2 *Softwares* gratuitos ou livres

O *software gratuito* é aquele que pode ser utilizado sem a necessidade de licença, ou seja, de aquisição do *software* completo ou da permissão de utilização por um período prefixado. O *software* livre, por sua vez, permite ao usuário acessar o código-fonte e editar o programa, fazendo modificações oportunas; no entanto, para aproveitar ao máximo esse recurso, o conhecimento sobre programação é essencial. "É dentro desse contexto de crescente abertura, particularmente de dados e informações *online*, que a comunidade de ensino e aprendizagem deve considerar os conteúdos educativos abertos" (Read, 2008, p. 143, tradução nossa)* e, ainda, aqueles que não são voltados especificadamente ao campo educativo, mas que, com a mediação educativa, podem ser úteis, como o editor de texto e a planilha eletrônica.

Instituições escolares, públicas e privadas, por vezes, não utilizam alguns *softwares* pagos, pois não dispõem de verbas para esse tipo de investimento. Uma alternativa

---

* No original: "It is within this context of growing openness, particularly of online data and information, that the learning and teaching community should consider open educational content".

interessante, nesses casos, é a utilização de *softwares* livres ou gratuitos, principalmente para escolas públicas, pois é permitido baixá-los, instalá-los e manipulá-los sem custos.

Com essas ferramentas, os professores podem trabalhar com vídeos, imagens, textos e sons. Eles não podem alegar a impossibilidade de trabalhar com determinado material em razão dos custos. É claro que a questão da estrutura física e dos equipamentos também tem de ser considerada, mas nesta obra não daremos ênfase a esse aspecto.

O Ministério da Educação (MEC), por meio do Programa Nacional de Informática na Educação (Proinfo)[*], objetiva incentivar o uso das tecnologias no ensino com base nessas categorias de *softwares*. No portal do Proinfo é disponibilizado o sistema Linux Educacional. Esse sistema já conta com um pacote de programas: Kdenlive (editor de vídeo), Audacity (editor de áudio) e Tux Paint (editor de imagens). Esses materiais podem ser acessados por todos os usuários do portal.

A justificativa da não utilização dos laboratórios de informática das escolas por falta de *software* ou até mesmo de sistema operacional, torna-se, então, infundada. Pode-se observar a diversidade e as possibilidades desses *softwares* na internet por meio de uma simples pesquisa. No entanto, ainda há a questão da disponibilidade de equipamentos, o que pode constituir um empecilho. Nesse caso, lembramos

---

[*] O portal do Proinfo, bem como a comunidade dedicada à discussão, à troca de experiências, ao acesso a materiais e cursos voltados para o Linux Educacional e seus componentes podem ser verificados por meio do seguinte endereço eletrônico: <http://linuxeducacional.c3sl.ufpr.br/>. Acesso em: 27 abr. 2017.

que esse tipo de *software* normalmente não requer sistemas operacionais com grande suporte; se o problema for acesso à internet, basta fazer o *download* do programa para uma mídia como *pendrive* ou CD, por exemplo, e depois instalar nos equipamentos para trabalhar com os alunos totalmente *off-line*.

Tanto o desenvolvimento quanto a capacitação para manuseio desses *softwares* têm sido discutidos e cada vez mais difundidos. No VI Congresso Ibero-Americano de Telemática (Cita), realizado em 2011, foram divulgadas pesquisas, como a relacionada à criação de um curso voltado à formação de professores para a utilização do Linux Educacional (Macedo et al., 2011) nas práticas em sala de aula. A comunidade científica está cada vez mais interessada nessa dinâmica e suas possibilidades para o campo educativo.

Capítulo quatro

Ensino e aprendizagem do uso da tecnologia no fazer docente: caminhos percorridos

A pesquisa que aqui apresentamos se norteou pelo paradigma da complexidade (Morin, 1998; 1999; 2000; 2002; 2003a; 2003b e 2003c), que consiste na observação crítica e reflexiva da realidade, tendo em vista o contexto do participante da pesquisa, considerando o todo e as partes. A complexidade prevê, além da **racionalidade objetiva**, a **subjetivação** e as **relações** daí emergentes.

Os paradigmas nos quais mais frequentemente estão ancorados estudos nesta área são o **positivismo** e o **construtivismo**. O primeiro, segundo Triviños (1995), caracteriza-se por:

- considerar que a realidade é formada por partes isoladas;
- aceitar a realidade apenas quando apoiada em fatos;
- reconhecer o conhecimento objetivo do dado alheio a qualquer traço de subjetividade;
- fundamentar-se no princípio da verificação, ou seja, só é verdadeiro aquilo que é empiricamente verificável etc.

Já o segundo "enfatiza a intencionalidade dos atos humanos e o 'mundo vivido' pelos sujeitos, privilegiando as percepções dos atores" (Alves-Mazzotti; Gewandsznajder, 2000, p. 133).

Convém ressaltarmos que esta obra se pauta por uma pesquisa de caráter qualitativo. Alves-Mazzotti e Gewandsznajder (2000, p. 147, grifo do original) esclarecem que:

> as investigações qualitativas, por sua diversidade e flexibilidade, não admitem regras precisas, aplicáveis a uma ampla gama de casos. [...] os construtivistas sociais defendem um mínimo de estruturação prévia, considerando que o foco da pesquisa, bem como as categorias teóricas e o próprio

design só deverão ser definidos no decorrer do processo de investigação.

Na coleta de dados, levamos em consideração a percepção dos participantes, registradas em resposta às questões formuladas em fórum, em atividades para entrega e em *chat* de um ambiente virtual de ensino e de aprendizagem (Avea). Analisamos as falas considerando a questão da autoria, em que as múltiplas manifestações são permeadas de subjetividade.

A pesquisa também apresenta caráter **explicativo e interpretativo** (Gil, 2002), contando para tal com levantamento bibliográfico e pesquisa de campo. *Explicativo* porque, por ela, tínhamos o objetivo de conhecer e analisar os principais aspectos referentes à constituição do ser complexo, cujo recorte, neste estudo, volta-se para a metacognição, resiliência, autonomia, cooperação, transdisciplinaridade, criatividade, afetividade, subjetivação e flexibilidade. *Interpretativo* porque busca registrar, analisar e relacionar aspectos da prática docente com a teoria pesquisada.

Conforme a fundamentação, elegemos o método de **pesquisa-ação**, que pressupõe a interação entre o pesquisador e os participantes da pesquisa. De acordo com Barbier (2007, p. 119), "toda pesquisa-ação é singular e define-se por uma situação precisa concernente a um lugar, a pessoas, a um tempo, a práticas e a valores sociais e à esperança de mudança possível". Ainda segundo Barbier (2007, p. 14), "o pesquisador descobre que, na pesquisa-ação existencial, não se trabalha *sobre* os outros, mas sempre *com* os outros".*

Adotamos a pesquisa-ação, pois esta considera a complexidade e suas contribuições, permitindo desenvolver "uma teoria da escuta-ação docente imaginário nos planos científico, filosófico e poético" (Barbier, 2007, p. 15). Por isso, mostra-se como o método mais oportuno e fecundo a ser utilizado nesta obra.

Nessa perspectiva, o pesquisador faz parte da pesquisa. Ele não se exime do que foi produzido ou observado, e sua perspectiva também tem relevância durante o processo – que, devemos lembrar, se dá de forma recursiva e pode ser (re)feito durante todo o percurso.

Para Barbier (2007), quando se fala em *pesquisa-ação* como método, são quatro as dimensões que devem ser observadas durante a pesquisa:

1. **Identificação do problema e contextualização** – É a dimensão em que o pesquisador identifica as necessidades de determinado grupo, considerando a questão espaço-tempo. Essa etapa se justificou pela necessidade da oferta de um curso de atualização para os professores de Arte, originado pela demanda de escolas e professores que haviam recebido material de mídia educativa e não sabiam como utilizá-la.

---

* Essa participação foi facilitada pelo fato de a autora desta obra ter atuado como ministrante no curso pesquisado, o que possibilitou o estabelecimento de um envolvimento direto.

2. **Planejamento e a realização em espiral** – São três os momentos para construção do objeto de estudo:
    a) Objeto abordado – O momento inicial envolveu o reconhecimento do objeto, ou seja, a necessidade da atualização de professores de Arte, considerando-se demandas específicas que iam desde a inclusão digital até níveis mais complexos de utilização das tecnologias de informação e comunicação (TICs). Como nosso foco de pesquisa era entender esse ser-professor/professor-aprendiz, em seus anseios e vivências na qualidade de um possível ser complexo, optamos por fazer a escuta sensível.
    b) **Objeto co-construído** – Nesse momento, em que as ideias formuladas com base nos porquês do contexto são relacionadas e todas as instâncias do evento são questionadas, considerando a escuta sensível dos participantes. Para melhor executar essa etapa da pesquisa, elaboramos um questionário sobre as experiências dos pesquisados, os conhecimentos prévios que estes tinham sobre as temáticas abordadas, bem como sobre a possibilidade de construir novos conhecimentos durante o curso. Todo esse trabalho esteve alicerçado sobre uma base teórica que forneceu subsídios para a construção do conhecimento a cada percurso, a cada fala proferida.

c) **Objeto efetuado** – É o momento do tratamento dos dados encontrados durante a interação entre os objetos e as novas questões que emergiram. Nesse momento, procuramos estabelecer relações entre a teoria e a prática, ou seja, a participação dos professores no curso e a base conceitual para analisar e compreender essas interações.

3. **Técnicas de pesquisa** – Os dados foram coletados durante nossa observação participante. Mesmo que as interações com os participantes tenham acontecido por meio de ferramentas do Avea, elas permitiram a construção de formas de escuta e de observação para a coleta de dados e posterior análise, sendo todos os dados coletados por meio da escrita dos professores.

4. **Teorização, avaliação e publicação dos resultados** – Nossa análise baseou-se nas características sobre complexidade de Morin, já expostas neste texto, bem como nos conceitos da filosofia da linguagem de Bakhtin.

A escuta sensível orientou o processo, a captura e a análise dos dados. Esse procedimento, conforme Barbier (2007, p. 94):

> Reconhece a aceitação incondicional do outro. Ela não julga, não mede, não compara. Ela compreende sem, entretanto, aderir às opiniões ou se identificar com o outro, com o que é enunciado ou praticado. A escuta sensível afirma a coerência do pesquisador. Este comunica suas emoções, seu imaginário, suas perguntas, seus sentimentos profundos.

A pesquisa que ora descrevemos tem, ainda, um caráter transdisciplinar, próprio da complexidade, na medida em que se apoiou em um método ternário e não binário, ou seja, não teve como foco somente a dicotomia sujeito *versus* objeto do conhecimento, mas também as relações emergentes dessas duas esferas. Podemos afirmar ainda que, "ao utilizarmos estratégias de pesquisa que colocam a intuição e a sensibilidade em diálogo com a racionalidade científica, como criadoras de conceitos geradores de ideias que enriquecem nossos olhares sobre o objeto, nós estaremos trabalhando ou utilizando lógica ternária" (Moraes; Valente, 2008, p. 63). Clark e Holquist (2008, p. 34-35), mostram que Bakhtin corrobora essa perspectiva, pois "a atuação, a história, a realidade em ato (*actuality*) e a abertura de diálogo são por ele acentuadas como contrapostas à dialética fechada das oposições binárias estruturalistas".

Diante desse contexto, é interessante discutir o fato de que a incerteza, o inesperado diante da prática, que faz parte do paradigma da complexidade, aparece no próprio ato do pesquisador, "que, ao entrar em contato com o objeto da pesquisa, entra num jogo de interações, retroações ou recursões, a partir da realidade ou do contexto no qual ela acontece. [...] Assim, toda e qualquer pesquisa está sempre sujeita ao imprevisto e ao inesperado" (Moraes; Valente, 2008, p. 32-33). Esse desafio foi constante durante a análise dos dados que coletamos, dada a grande diversidade de contextos envolvidos na pesquisa e em seu público-alvo.

4.1 Público-alvo da pesquisa

Os atores avaliados no processo que deu origem a este livro foram professores de Arte do ensino básico que pertenciam à rede pública da Região Sul e que tiveram acesso aos DVDs do Arte na Escola (distribuído pelo MEC a 100 mil escolas) e aos polos da Rede Arte na Escola. Além disso, era exigência que os participantes dispusessem de noções básicas de informática para navegação na internet e criação de conta de *e-mail*. Foram no total 83 cursistas, dos quais 61 concluíram o curso.

Em nossa análise, respeitamos na íntegra os discursos produzidos (escrita), bem como o anonimato dos participantes. Elaboramos um termo de consentimento livre e esclarecido (incluso no formulário de inscrição do curso), ao qual todos os integrantes do curso responderam com consentimento. No mesmo instrumento, informamos que todo o conteúdo produzido no curso seria utilizado para análise posterior. Cabe ressaltarmos que os entrevistados foram indicados pelas letras **PA** (professor aprendiz), seguidas de um número que representa o informante, ou seja, todas as respostas e comentários identificados como **PA1** (Professor Aprendiz 1), por exemplo, correspondem à fala da mesma pessoa, e assim por diante. Aos demais informantes foram atribuídas as letras **PF** (professor formador), e a numeração sequencial para identificar cada um dos três professores atuantes no curso – **PF1**, **PF2** e **PF3**.

4.2 Desenvolvimento do campo de experimentação

Expomos a seguir as especificidades da pesquisa que resultou na presente obra.

4.2.1 Plano de trabalho: curso em EaD

O curso objeto da pesquisa que desenvolvemos contemplou a formação de professores de Educação Artística (verificar a seção "Apêndice", no final desta obra) na modalidade EaD, ministrado em um Avea, tendo como base os temas abordados nos DVDs Arte na Escola (Boletim Arte na Escola, 2011). A esse material, agregamos as tecnologias digitais durante o curso, dando maior ênfase aos recursos informáticos livres ou gratuitos para enriquecer as práticas dos participantes. Essa escolha se fez necessária desde o início do projeto, pois os professores em exercício, em sua maioria, não verificaram em sua formação acadêmica a exploração dos recursos audiovisuais, mas sim os plásticos (pintura, escultura, cerâmica...). Por isso, contemplou-se nesta formação continuada o conteúdo apresentado nos novos currículos.

Ao se apropriarem desses materiais e (re)visitarem determinados conteúdos, os professores envolvidos na pesquisa passavam a construir novos conhecimentos, que poderiam ser utilizados e (re)significados em suas salas de aula. Nessa dinâmica, o professor acaba por se tornar um mediador na construção do conhecimento de seus alunos, possibilitando que façam uso desses recursos para aprender, produzir, observar, vivenciar a arte.

O curso de extensão propunha que o professor se apoiasse na prática com seus aprendizes, consistindo em uma *práxis* (teoria + ação), de acordo com o propósito de promover a reflexão, a discussão e a argumentação. "Os professores também devem saber como uma mudança se dá na prática, e não só na teoria, para que possam medir com exatidão o que ela significa para o seu trabalho" (Hargreaves et al., 2002, p. 116). Aos professores devem ser oferecidos momentos em que experiências de mudança sejam apresentadas e analisadas.

4.2.2 Atividades

O curso intitulado "(Re)Significando a Arte/Educação por meio dos DVDs do Arte na Escola" foi ministrado pelas professoras Jaqueline Maissiat[*], Katyuscia Sosnowski[**] e Simone Fogazzi[***], sob coordenação da Profª. Drª. Maria Cristina Villanova Biazus, e promovido pelo Núcleo de Estudos

---

[*] Doutora em Informática na Educação (Programa de Pós-Gradução em Informática na Educação da Universidade Federal do Rio Grande do Sul – PPGIE/UFRGS), mestra em Educação e pedagoga na área de Multimeios e Informática Educativa pela Pontifícia Universidade Católica do Rio Grande do Sul (PUC-RS).

[**] Doutora em Informática na Educação (PPGIE/UFRGS), mestra em Artes Visuais pela Universidade do Estado de Santa Catarina (Udesc) e graduada em Artes Plásticas pela Faculdade de Artes do Paraná (FAP).

[***] Mestra em Educação pelo Programa de Pós-Graduação em Educação da Universidade Federal do Rio Grande do Sul (PGGEDU/UFRGS) e graduada em Artes Plásticas pela UFRGS.

Subjetivação, Tecnologia e Arte (N.E.S.T.A.) e pelo Programa Arte na Escola/UFRGS. A parceria entre essas professoras com experiências em EaD, ensino de arte em EaD, tecnologia educacional e ensino da arte permitiu a integração de saberes para que os professores aprendizes tivessem melhor acolhimento e suporte.

A intenção era que os cursistas pudessem (re)pensar seu papel na educação, na aprendizagem do aluno, sob a ótica da **diferença**, tendo no conceito de *rizoma* sua principal expressão, e na compreensão de si como sujeito complexo, de acordo com a teoria da complexidade (Morin). Os professores exploraram a DVDteca Arte na Escola tendo por princípio o pensamento rizomático[*], compartilhando elementos constitutivos das multiplicidades de seus alunos, da escola e do mundo. A postura escolhida para o curso foi a investigativa, criativa, estimulada pelo professor para a criação de aulas voltadas para a realidade escolar, as singularidades dos alunos e do professor e o acervo da DVDteca.

A cada conteúdo e exemplo trabalhado, fizemos questionamentos sobre como aplicar essa dinâmica no fazer docente, bem como utilizar *softwares* que permitissem tal iniciativa.

---

* A expressão *pensamento rizomático* deriva do conceito de *rizoma*, definido por Deleuze e Guattari (2000, p. 36) da seguinte maneira: "Um rizoma não começa nem conclui, ele se encontra sempre no meio, entre as coisas, inter-ser, *intermezzo*. A árvore é filiação, mas o rizoma é aliança, unicamente aliança. A árvore impõe o verbo 'ser', mas o rizoma tem como tecido a conjunção 'e... e... e...' Há nesta conjunção força suficiente para sacudir e desenraizar o verbo ser".

Foram escolhidos os *softwares* Gimp (edição de imagens) e Audacity (edição de áudio).

Os DVDs do Instituto Arte na Escola contemplam as seguintes temáticas, chamadas *territórios*:
- conexões transdisciplinares;
- materialidade;
- saberes estéticos e culturais;
- mediação cultural;
- patrimônio cultural;
- forma e conteúdo;
- linguagens artísticas;
- formação de professores e processo criativo.

Para cada DVD, a arte é trabalhada relacionando-se o material – DVD acrescido de material educativo – às necessidades do grupo que compunha o curso. Segue como exemplo o DVD n. 1 – *Abraham Palatnik: a arte do tempo*.[*]

---

[*] Cada DVD dispõe de um material-base, de referência, como exemplo de sua utilização. Este acompanha um encarte (material educativo) com um mapa conceitual de cada uma das temáticas desses eixos. Os encartes de todos os DVDs encontram-se disponíveis para *download* no *site* do Instituto Arte na Escola. Disponível em: <http://artenaescola.org.br/dvdteca/mapa>. Acesso em: 16 maio 2017.

Figura 4.1 – Mapa potencial do DVD n. 1 – Abraham Palatnik: a arte do tempo

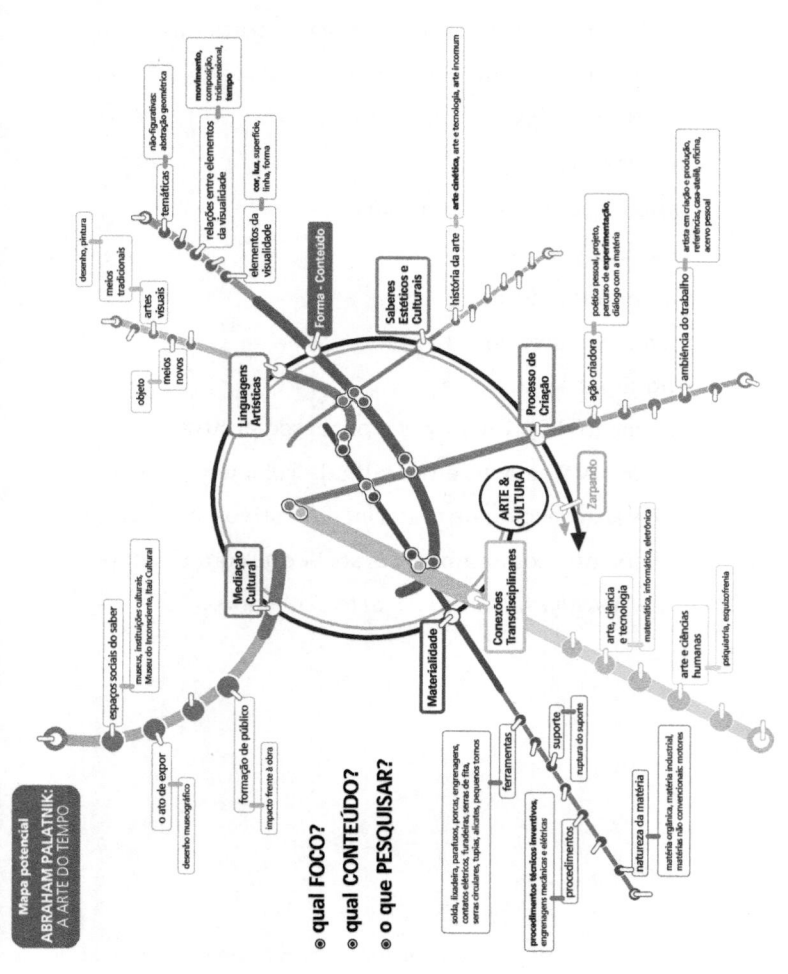

Fonte: Adaptado de Biazus, 2005, p. 10-11.

Esse mapa potencial ilustra como a transdisciplinaridade se efetiva em cada um dos DVDs. Em cada um deles é abordada uma temática distinta, estabelecendo conexões com mais de um território. E por que é utilizado o termo *potencial*? Porque o professor pode ir além do que foi proposto – na verdade, o DVD convida o professor a realizar novas conexões, que é o intuito do território *Zarpando**. Nesse caso, por exemplo, se desejar, o professor pode trabalhar com a questão da forma e do conteúdo, ou, ainda, a de conexões transdisciplinares, como seria o caso das relações entre arte, ciência e tecnologia. O DVD mostra-se como um disparador de possibilidades, que viabiliza uma aliança entre a formação continuada do professor, observando o conteúdo da arte contemporânea, as tecnologias digitais e o ser complexo.

O curso de atualização descrito neste livro foi desenvolvido no Avea Moodle Cinted** em virtude da possibilidade de acesso e disponibilidade de suporte para abertura do curso e criação de *login* e senha para os alunos. Trata-se de um curso de extensão, com carga horária de 120 horas, cujos certificados foram emitidos pela Universidade Federal do Rio Grande do Sul (UFRGS). Para o formulário de inscrição, foi utilizada a ferramenta "Formulário" do Google Docs, cujo acesso permitiu a divulgação da iniciativa em várias mídias digitais, como o *site* do Instituto Arte na Escola***, o *blog* do

---

* Na seção "Apêndice", pode-se encontrar a descrição de cada um dos territórios. Cabe o destaque de que os enunciados explicativos referentes a cada um dos territórios foi extraído dos encartes (material educativo) anexado ao DVD.

** Comentamos no Capítulo 3 as especificidades de diferentes *sofwares* para o desenvolvimento de ambientes virtuais de ensino e aprendizagem (Aveas).

*** Disponível em: <http://www.artenaescola.org.br>. Acesso em: 25 abr. 2016.

N.E.S.T.A.* e de uma das redes sociais mais acessadas na rede mundial de computadores (Facebook).

Para que as características do sujeito complexo (metacognição, resiliência, autonomia, cooperação, transdisciplinaridade, criatividade, afetividade, subjetivação e flexibilidade) fossem ativadas durante o andamento do curso, estratégias foram estudadas, criadas e implementadas pela equipe.

O curso ocorreu no período de 12 semanas, em três módulos. O primeiro deles foi destinado à ambientação do professor aprendiz ao Avea, bem como ao contato com a teoria de rizoma que perpassa pelas propostas de utilização dos DVDs. O segundo módulo teve como base os oito territórios (linguagens artísticas, patrimônio, materialidade, conexões, forma e conteúdo, processo criativo, saberes estáticos e culturais e mediação cultural), entre os quais cada professor aprendiz optou por cinco e escolheu o caminho a percorrer. Para que essa atividade fosse viável, o segundo módulo deixou à disposição o conteúdo de todos os territórios. A cada semana era solicitado a cada aluno que mencionasse em seu diário o território escolhido e o motivo. Já no terceiro módulo, todos os participantes se voltaram para a mesma temática, como no primeiro módulo, e percorreram o território *Zarpando*, que pressupunha o desenvolvimento de um projeto que contemplasse, em parte ou no todo, as temáticas escolhidas.

---

* Disponível em: <http://gruponesta.wordpress.com>. Acesso em: 25 abr. 2016.

4.2.3 Dados coletados

Os dados para análise foram coletados por meio dos seguintes procedimentos:

- **Questionário identificador** – Esse recurso serviu à finalidade de traçar o perfil de cada professor, para que as organizadoras do curso pudessem saber um pouco mais sobre ele – tempo por que lecionava, a respectiva carga horária e o fator motivador para a procura pelo curso.
- **Fóruns** – Esse é um dos recursos utilizados para coleta de dados e para incentivo de troca de experiências e apresentação de sugestões. Nele os professores foram instigados a interagir com seus pares e com os conteúdos apresentados. A possibilidade de troca entre profissionais de mesma área foi muito importante, pois, nos fóruns, os educadores relataram um pouco de seu ambiente, do perfil de ensino nas instituições em que atuavam, de suas estratégias e de sua motivação para continuarem a se aperfeiçoar.
- **Diário** – Os professores deviam justificar suas escolhas no que se refere aos territórios e a estabelecer conexões entre a passagem de um para outro. Isso serviu posteriormente à identificação dos esquemas mentais dos educadores no que tange ao processo de aprendizagem.
- **Materiais produzidos** – A cada unidade trabalhada, os participantes do curso precisavam fazer

um trabalho referente ao seu conteúdo. Foi sugerido que esse material fosse aplicado em sala de aula. Somado ao relato dos educadores, o conteúdo produzido pelos docentes foi base para a avaliação do nível de compreensão do conteúdo visto quanto à forma de aplicá-lo, bem como à receptividade dos alunos.

- **Questionário de avaliação do curso** – Ao término do curso, os professores responderam a um questionário de avaliação, que abrangeu os elementos da complexidade, cuja presença, direta ou indireta, deveria ser avaliada pelos professores aprendizes durante o desenvolvimento do curso.

4.3 Caracterização do curso e dos participantes

De forma geral, os cursos em EaD são estruturados de forma linear, ou seja, os conteúdos são dispostos um após o outro, de forma hierárquica e sequencial, do início ao fim. Há professores que, mesmo ministrando cursos com essa estrutura, conseguem trabalhar de maneira diferente, fazendo ligações com temas vistos durante o curso. Ainda assim, a sequencialidade continua presente: o aluno não tem autonomia para estudar o que é de seu maior interesse. Quanto ao método no curso estudado, tínhamos a intenção de não só favorecer a investigação sobre complexidade e inter/transdisciplinaridade, mas também de oferecer uma estrutura de curso que seguisse essa linha de pensamento, ou seja, de propor uma transformação. De acordo com Schlemmer (2005, p. 47), "Mudar envolve, necessariamente, transformação na maneira de pensar e de agir no espaço educacional, impulsionando o rompimento de paradigma quanto às nossas atitudes em relação ao processo de conhecer."

Como explicamos anteriormente, o curso foi dividido em três módulos: o primeiro era comum a todos os participantes e se chamava *Processo rizomático*. O segundo módulo fez referência aos oito territórios disponíveis para exploração. Por fim, no terceiro e último módulo – *Território Zarpando* –, os alunos retomavam coletivamente o desenvolvimento e o estudo de um mesmo tópico.

As categorias de análise (metacognição, resiliência, autonomia, subjetivação, criatividade, transdisciplinaridade, afetividade, cooperação e flexibilidade) foram elencadas *a priori* e seus conceitos foram implementados na estrutura para a construção do curso, que não tratou diretamente sobre a complexidade, apesar de seus elementos terem percorrido toda a estrutura, para formar um professor que se (re)conhecesse como sujeito complexo. O curso foi elaborado tendo por base uma estrutura diferenciada, em que os alunos puderam optar entre várias possibilidades e traçar seus próprios caminhos. Essa autonomia é própria da complexidade.

A Figura 4.2 remete ao mapa que foi disponibilizado para que o cursista pudesse navegar pelo curso de forma não linear. Pequenos ajustes foram realizados no formato do projeto, tal como retirar do Moodle a numeração que segue ao lado de cada espaço de inclusão de conteúdos, o que comumente é associado às semanas de duração do curso, a fim de se eliminar o caráter de sequencialidade.

O mapa apresentado a seguir conta com esferas coloridas unidas por vínculos-chave remetidos ao território selecionado. Cada uma das esferas é um recorte de uma aquarela que foi produzida por uma das professoras do curso, a artista plástica Simone Fogazzi. Ao clicar em uma das opções, o usuário era remetido ao espaço correspondente ao território, e toda uma faixa de aquarela ilustrava aquele espaço. O objetivo era deixar o ambiente o mais integrado possível à atuação profissional dos cursistas, que eram professores de Arte. A linha que norteia a imagem não tem início, contando apenas com um "fim", que é o terceiro módulo, o Território Zarpando, cujo intuito era estimular o professor a seguir para novas aprendizagens e experimentações, aproveitando as vivências no curso.

Figura 4.2 – Esquema do curso "(Re)significando a arte/ educação por meio dos DVDs arte na escola"

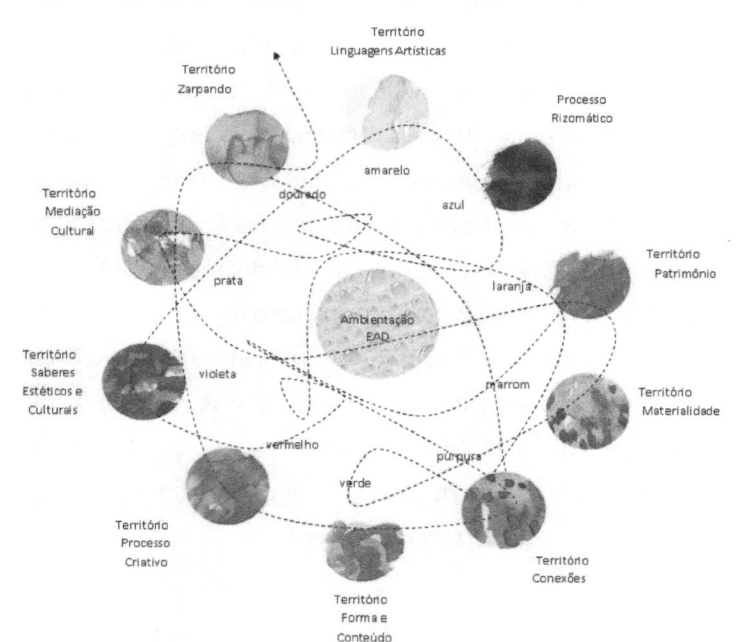

À medida que o conteúdo de arte era apresentado aos integrantes do curso, eram indicados *softwares* livres ou gratuitos em alguns territórios para utilização da entrega das atividades. Por meio dessa iniciativa, os saberes eram reforçados para que os professores se apropriassem de um novo recurso (Barbosa, 2010; Imbernón, 2009).

Ao incorporar aos seus significados o que se entendia ou o que se caracterizava por *arte contemporânea*, os professores aprendizes faziam criações utilizando os *softwares*. Todo esse processo foi realizado em torno de discussões relacionadas à educação, ao perfil dos alunos e dos professores em formação e às possibilidades de aplicação dos conhecimentos trabalhados no curso em seus contextos profissionais.

Por meio da aplicação de um questionário *on-line,* incluso no formulário de inscrição do curso pesquisado, procuramos investigar o perfil do professor de Arte e determinar seus conhecimentos e expectativas quanto às tecnologias digitais. O formulário de inscrição foi disponibilizado em um *link* socializado na internet. Foram 118 respostas de professores ao questionário; destes, 83 realizaram o curso. Eis algumas infomações coletadas:

> Os professores respondentes, principalmente na rede pública, não dispõem de formação superior, como mostra a Tabela 4.1, do Anuário Brasileiro da Educação Básica (2012) – dentre os 2.005.734 (100%) professores, 1.381.909 (69,89%) têm formação superior. Na Região Sul do país, o índice é superior à média nacional – dos 290.924 (100%) professores, 230.630 (79,27%)

fizeram curso superior. Isso não quer dizer que estejam atuando diretamente nas disciplinas correlatas a sua formação.

Tabela 4.1 – Número de professores da educação básica por escolaridade segundo a região geográfica, 2010

Região geográfica	Professores da educação básica					
		Escolaridade				
			Ensino médio			
	Total	Fundamental	Médio total	Normal/ magistério	Ensino médio	Superior
Norte	169.930	1.792	73.029	57.007	16.022	95.109
Nordeste	600.796	6.597	288.748	220.231	68.517	305.451
Sudeste	800.241	1.860	163.503	119.674	43.829	634.878
Sul	290.927	1.574	58.723	39.735	18.988	230.630
Centro--Oeste	143.840	742	27.257	14.060	13.197	115.841
Brasil	2.005.734	12.565	61.260	450.707	160.553	1.381.909

Fonte: Adaptado de Todos pela Educação, 2012.

Segundo Tokarnia (2016), "Nas escolas públicas do Brasil, 200.816 professores dão aulas em disciplinas nas quais não são formados, isso equivale a 38,7% do total de 518.313 professores na rede". Em virtude desse problema, programas do governo como os Pró-Licenciaturas tem sido criados para formar professores sem ensino superior em suas respectivas áreas de formação. Na área de ensino de Artes, podemos citar como exemplo o curso de Artes Visuais à distância oferecido pela Rede Gaúcha de Ensino a Distância (Regesd), que formou cerca de 80 professores no primeiro semestre de 2013.

Na Região Sul do Brasil, até 2009, de acordo com o Instituto Nacional de Estudos e Pesquisas Educacionais Anísio Teixeira (Inep, 2012), dos 6.216 professores formados em Arte, 2.116 estão alocados no Paraná, 1.588 em Santa Catarina e 2.512 no Rio Grande do Sul.

Concentramos os dados referentes ao Sul do país porque os cursistas partipantes da pesquisa são dessa região. Das vagas preenchidas, 77% foram do Rio Grande do Sul, 13% de Santa Catariana e 10% do Paraná.

Uma das questões elencadas no questionário *on-line* citado relacionava-se à formação dos professores (cursistas) que lecionam Artes: artes plásticas e visuais, música ou teatro. Surpreendentemente, 39% dos participantes não tinham formação e ainda assim lecionavam Artes nas escolas. Em virtude dessa característica dos participantes, o curso que deu origem a este material, além do propósito de atualização, tornou-se também momento de formação.

Quanto à carga horária dos educadores integrantes do projeto, cerca de 50% dos professores atuava entre 31h e 40h. Um dado importante é que 19% tem carga horária superior a 41h de trabalho. Esse índice evidencia o esforço que o professor precisa fazer para realizar uma atualização, muitas vezes inviável para aqueles que estão em sala de aula. Os cursos ministrados na modalidade a distância, portanto, permitem que os educadores se dediquem no tempo de que dispõem e não parem de se capacitar.

Além de abranger a utilização do recurso, o questionário abordava os respondentes no que se referia aos seus níveis de experiência, para que se desse um direcionamento mais amplo para o uso de tecnologias digitais no desenvolvimento das atividades propostas. Em uma escala de 1 (pouca experiência) a 5 (muita experiência), grande parte dos professores classificou suas relações em tecnologia entre 3 e 4 (79%).

No capítulo a seguir, comentaremos os critérios de análise e as categorias examinadas.

Capítulo cinco

Posicionamento dos docentes quanto às características do sujeito complexo

Assim, tudo se encontra contido na linguagem, mas ela própria é uma parte contida no todo que contém. A linguagem está em nós e estamos na linguagem. Fazemos a linguagem que nos faz. Somos, na e através da linguagem, abertos pelas palavras, fechados nas palavras, abertos para o outro (comunicação), fechados para o outro (mentira, erro), abertos para as ideias, fechados nas ideias, abertos para o mundo, fechados ao mundo. Reencontramos o paradoxo cognitivo maior: somos prisioneiros daquilo que nos liberta e libertos por aquilo que nos cerca.

(Morin, 1998, p. 216)

Vivemos sob o paradigma da complexidade contemporânea, no qual todos os processos daí resultantes são permeados por tal concepção. Cada vez mais nos é apresentado um ambiente multifacetado. O paradigma da complexidade convida o sujeito complexo – ou, ainda, o auto(geno-feno)eco-(re)organizador – a emergir para atender às demandas desse contexto. O sujeito precisa se integrar a esse cenário, ter uma postura mais global, considerar distintos aspectos, como o ambiente em que está inserido, suas concepções pessoais, seus conhecimentos, etc.

Como explicitamos nos capítulos anteriores, para conhecer, observar e fortalecer tal sujeito, desenvolvemos um estudo com professores em um curso em ambiente virtual de ensino e de aprendizagem (Avea) com uma metodologia própria, totalmente a distância. A plataforma, pela sua estrutura, já propunha elementos da complexidade, como:

- flexibilidade;
- não linearidade;
- distintas possibilidades de interação;
- possibilidade de cooperação;
- autonomia.

Então, com base na concepção do curso na modalidade a distância, pudemos observar os movimentos e as mudanças que apontaram as emergências das características da complexidade.

Essa dinâmica pôde ser percebida por meio das trocas entre os professores de Arte (professores aprendizes) e os ministrantes do curso (professores formadores) no Avea.

Por meio da leitura dos textos produzidos pelos cursistas, com base nos conceitos de Bakhtin, elementos do sujeito complexo puderam ser identificados. Bakhtin (2006) nos lembra que dizer é dizer valores que dialogam. A seguir, relacionamos cada um dos conceitos de Bakhtin à nomenclatura referente ao sujeito complexo (os primeiros estão destacados com negrito, os últimos estão entre parênteses) e pelos elementos que são próprios das convergências desses conceitos, com destaque às características do sujeito complexo.

Quanto ao **ato** (eco/(re)organizador), pode-se relacioná-lo à ação do professor em sala de aula, diante dos acontecimentos concernentes ao ensino e à aprendizagem (Biazus, 2012). O professor é responsável pelo ato de ensinar. Na medida em que o docente reflete sobre seus atos, os conceitos de **metacognição** e **resiliência** estão presentes. Ainda atrelado a esse elemento, temos o **ato educativo**, em que o contexto, o professor, o aluno e os conteúdos formam conjuntamente um objeto de análise. Durante a realização do curso de que tratamos aqui, os professores tiveram contato com materiais que, na maioria dos casos, não puderam acessar em sua formação, seja por não terem cursado a licenciatura em Artes Visuais, seja pelo fato de o currículo o qual seguiram não tenha contemplado a arte contemporânea, com a participação das tecnologias digitais como recursos que permitem a produção, a concepção e a divulgação das manifestações artísticas.

Em razão dessas características, foram promovidos momentos para que os integrantes do curso aprendessem de acordo com seu próprio estilo de aprendizagem, para se apropriarem e mesmo superarem o que lhes era proposto. Além disso, detectamos uma postura resiliente dos educadores quando surgia alguma adversidade, como no caso da inviabilidade estrutural do município em que residiam para a realização de determinada atividade. No momento em que os professores se manifestavam sobre esses aspectos no curso, eles puderam vislumbrar esses problemas também em sala de aula. Com isso, os cursistas compreenderam a necessidade de estimular o autoconhecimento dos estilos de aprendizagem de cada aluno, bem como de se posicionar diante da adversidade, seja pela falta de material, seja pela falta de tempo, por exemplo.

O **autor** (auto/feno) é o sujeito que pratica o *auto*, ou seja, está relacionado à **autonomia**. É aquele que relata suas vivências, salientando os contextos e as oportunidades recorrentes e pensando na possibilidade de trilhar novos caminhos. Os professores de Arte, durante o curso, puderam exercitar sua autonomia em diversos momentos, como ao terem a iniciativa de procurar um curso a distância de forma independente ou a consciência de que podiam estabelecer e trilhar por si sós seu caminho no curso. Essa dinâmica ocorreu pelo fato de os participantes do curso terem a possibilidade de acesso a todo o conteúdo do curso e de escolha para trabalhar com as temáticas nas quais gostariam de se aprofundar. Aliás, se fosse de seu interesse, era possível aos integrantes dos cursos desenvolver as atividades em todos os territórios, contando sempre com o acompanhamento por parte dos ministrantes do curso.

O conceito de ***cronótopo*** (geno/feno/(re)organizador) guarda relação com o tempo e o espaço (contexto): cada um tem seu tempo; o indivíduo tem suas particularidades e é por meio delas que se torna um ser único e flexível. Para que o sujeito se adapte às situações que lhe são apresentadas, para que re)aja, a **flexibilidade** – ou, ainda, a **plasticidade** – é fundamental. O próprio Avea, por sua concepção, permitia que os cursistas dotados de flexibilidade imergissem em um espaço atemporal, flexível ao tempo e ao espaço, em que podiam respeitar seu tempo de aprendizagem e observar como essa especificidade poderia ser exercitada dentro das atividades desenvolvidas. Em seus relatos escritos, os professores comentavam que, por vezes, o trabalho planejado para determinada aula não havia sido executado, por alguma inviabilidade referente a materiais ou pelo surgimento de demandas dos alunos. Na realidade, isso permite a riqueza da (re)invenção dentro da sala de aula.

A **polifonia** (auto/(re)organizador), elemento constituinte do dialogismo, acontece quando o ser se percebe de forma interativa, se reconhece no outro e reconhece a imagem que o outro faz de si (autoimagem). O diálogo se dá também por meio do texto, da imagem e do som e relaciona-se à multiplicidade de vozes, contemplando as possibilidades que emanam dessas relações (**cooperação** e **transdisciplinaridade**). No caso específico do curso que analisamos, para que ocorresse a cooperação, os professores necessitaram estar dispostos ao diálogo e à escuta. O trabalho em conjunto é próprio da complexidade – durante a realização do curso, os professores trocaram muitas informações, ideias, estavam dispostos a cooperar com os trabalhos uns dos outros, tanto na realização das atividades do curso quanto para trabalhos que pudessem desenvolver com seus alunos em sala de aula. A rede constituída entre os pares foi um resultado do projeto, pois muitos não dispunham de espaço para conversar com profissionais da mesma área de atuação, por falta de tempo ou pelo número diminuto de docentes da mesma área com quem pudessem interagir.

Diante da rede de relações, de cooperação tanto de pessoas quanto de conteúdo, a transdisciplinaridade encontra espaço para manifestar-se. As temáticas trabalhadas em cada DVD do Arte na Escola, como macrofotografia, coleções, cerâmica e desenho tinham potencial para serem trabalhadas em todos os territórios do curso, o que explicitamos na Figura 5.1. Em outros termos, a transdisciplinaridade ocorre tanto em uma mesma área quanto em confluência com campos distintos do saber. Para que isso ficasse em evidência para os cursistas, questionamos como ocorriam essas práticas em sala de aula. Eles tinham de exemplificar, bem como colocar em prática essas articulações, atividade solicitada no trabalho final do curso. Ao se ampliar as fronteiras do ensino das Artes, temáticas supostamente exclusivas de outras áreas podem ser incorporadas. Para ilustrar, citamos o estudo de uma obra renascentista: é perfeitamente possível trabalhá-la na disciplina de Matemática, pois ela tem um plano de estrutura composto por ângulos e cálculos matemáticos para que a obra possa ser plenamente concebida. Foram muitos os relatos defendendo essa possibilidade, porém também foram vários os alertas sobre profissionais da educação que pensam fazer um trabalho assim, mas na verdade não o fazem.

A **intertextualidade** (eco/auto) ocorre quando incorporamos os elementos do discurso do outro ao nosso. Por ter um caráter múltiplo, pode ser relacionada à **criatividade** e ser verificada quando o professor realiza a transposição didática do conteúdo que ministra. Esse processo foi explorado no curso de formação, quando solicitado aos professores, por meio de uma ferramenta (*software* de edição de imagem – Gimp), produções baseadas em seus conhecimentos prévios. Parte dessa elaboração teve a influência dos colegas, porque muitos não queriam usar o mesmo efeito ou a mesma temática. Após a atividade, os integrantes justificavam as criações. A criatividade esteve presente na elaboração de praticamente todas as atividades. Aliada a ela, a transposição didática esteve visível na elaboração do trabalho final, em que os participantes tinham de se apropriar dos conteúdos e conceitos próprios da contemporaneidade e trabalhá-los com seus alunos.

Há de se considerar a **enunciação** (auto/feno/eco/(re)organizador), que permite interpretações distintas sobre um mesmo aspecto, sendo o contexto elemento essencial para a construção do sentido (**subjetivação e afetividade**). A complexidade é evidenciada no momento em que são considerados o todo e as partes, mostrando o diálogo como essencial para que a enunciação se concretize. Cada sujeito tem seu ponto de vista, que é fundamentado nos conhecimentos e nas vivências que o constituem. Cada indivíduo terá dada opinião sobre uma temática, gerando uma diversidade que permite um diálogo rico entre as partes, pois a argumentação que se estabelece fortalece o objeto de discussão. No curso analisado neste livro, foram criadas situações em que os professores tinham de se posicionar, dizer o porquê de seus pensamentos, colocando-se à disposição para interlocução com seus pares.

Essa interlocução era permeada por momentos afetivos, de incentivo, opinião, provocações, em que os vínculos eram estabelecidos, motivando os educadores a se empenharem mais para desenvolver o que lhes era proposto. O incentivo por parte do professor formador era um instrumento para os professores aprendizes se sentirem acolhidos, capazes de realizar as atividades e estarem dispostos a ouvir e a conversar.

Como mostra a Figura 5.1, as categorias estabelecidas tiveram como base os aspectos da complexidade e foram relacionados a alguns conceitos formulados por Bakhtin. Os dados não foram coletados de maneira direta, mas observados de modo empírico durante o desenrolar do curso.

Figura 5.1 – Leitura do curso em EaD

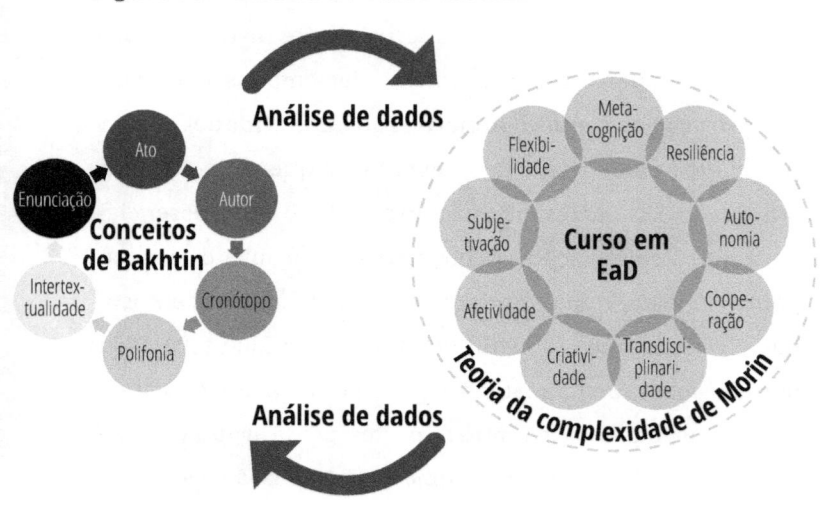

Análise de dados

Conceitos de Bakhtin: Enunciação, Ato, Autor, Cronótopo, Polifonia, Intertextualidade

Curso em EaD (Teoria da complexidade de Morin): Metacognição, Flexibilidade, Resiliência, Subjetivação, Autonomia, Afetividade, Cooperação, Criatividade, Transdisciplinaridade

Análise de dados

O **texto** foi elemento essencial de análise, seja de relato do diário, seja por meio dos fóruns, por exemplo. Nas palavras de Flick (2004, p. 45), os enunciados produzidos "representam-se não apenas os dados essenciais nos quais as descobertas se baseiam, mas também a base das interpretações e o meio central para a apresentação e comunicação de descobertas". A emergência de vozes, nos diálogos evidenciados, permitiu-nos essas análises.

5.1 Estratégias para a criação de um curso em EaD pautado na complexidade

O sujeito complexo é aquele nomeado auto(geno-feno)eco-(re)organizador. A fim de aprofundar a abordagem sobre esse sujeito, comentaremos, a seguir, as características que o professor deve ter ou desenvolver para (re)conhecer-se como sujeito complexo, com base nas leituras de Morin (1998; 1999; 2000; 2002; 2003a; 2003b e 2003c) e de Imbernón (2009), autores que ressaltam a importância de o professor se formar para a complexidade. Lembremos quais são essas características: metacognição; resiliência; autonomia; subjetivação; criatividade; transdisciplinaridade; afetividade; cooperação e flexibilidade.

Cabe destacarmos que, no estudo que ora apresentamos, os sujeitos da pesquisa eram professores de Arte. No entanto, como supomos que a complexidade no fazer docente seja universal, as ideias que aqui expomos podem ser aplicadas a professores de outras disciplinas.

5.1.1 Metacognição

A metacognição, que abre possibilidades para a proatividade e a criação de espaços de problematizações com vistas a um ensino e aprendizagem de qualidade, foi uma das características enfocadas em nossas investigação. Morin (1999, p. 15) declara que, na sociedade contemporânea,

> não é mais suficiente problematizar unicamente o homem, a natureza, o mundo e Deus, mas é preciso problematizar o que traria soluções para os problemas da ciência, da técnica, do progresso e também problematizar o que acreditávamos que era a razão e que amiúde não era mais do que uma racionalização abstrata. Faz falta também problematizar a própria organização do pensamento [...].

A essa organização de pensamento pode se dar o nome de *metacognição*, que, relacionada aos movimentos necessários para a aprendizagem, envolve compreender como se aprende. De acordo com Bertolini e Silva (2005, p. 53), *metacognição*

> se refere à capacidade do indivíduo pensar sobre os seus próprios pensamentos, levando em conta alcançar níveis mais altos de autoconsciência [...]. Assim, metacognição implica o indivíduo ser capaz de conhecer e de auto-regular o seu próprio funcionamento cognitivo com a finalidade de solucionar problemas.

Essa característica foi manifestada pela maioria dos professores frequentadores do curso, principalmente quando apresentados a um novo *software* ou instados a aprender algo novo ou a se aperfeiçoar. Alguns professores se mostraram temerosos com o Gimp (*software* de edição de imagens), por exemplo. A fala de PA38/exc1 corrobora tal afirmação:

> Quando iniciei o curso e vi o Gimp, gelei! [...] Mas nesta semana com a pressão de realizar a tarefa compreendi o uso das ferramentas. Fiquei feliz em conhecer esta ferramenta gratuita que posso repassar ao aluno. Vitória!

Esse receio foi evidenciado também na fala de PA80/exc2:

> Assim como algumas colegas, demorei para me entender com o programa [...] mas, no fim, acho que deu certo.

Para uma das alunas (PA1/exc3), participar do curso de formação continuada de professores de Arte foi um desafio, já que não era licenciada em tal área:

> Sou formada em Letras e também não me preparei para "aulas de arte". Por incentivo de uma colega me inscrevi no curso e agora estou querendo aprender, porém com muitas dúvidas e questionamentos que tem aumentado diariamente [...] o nosso pensar funciona em teia, rede e nada melhor que agregar e trazer novos conhecimentos a esta trama.

Um processo metacognitivo ativa características que se articulam entre si: **psicomotora** (capacidade e saúde física), **cognitiva** (habilidade de pensamento e busca pelo conhecimento) e **afetiva** (sentimentos que qualificam as relações). A afetividade está relacionada diretamente à motivação. De acordo com Tapia (2005, p. 15, tradução nossa), a motivação está vinculada a "razões pessoais que de modo consciente ou inconsciente orientam a atividade das pessoas para uma meta". As alunas PA65/exc4 e PA43/exc5, respectivamente, confirmam isso ao declararem:

> influenciamos artisticamente nossos alunos, e, em meu caso, procuro desafiar-me constantemente, apresentando produções que também me inquietam.

> quando vamos a uma viagem de estudos, o coração está repleto de euforia e expectativa. Quando

> voltamos, tudo acomoda-se em nosso ser como aprendizado e experiência.

"Segundo Martins (2009, p.185), "os conhecimentos metacognitivos são assim construídos e transformados, através de experiências conscientes, com metas cognitivas e ações planificadas". Essas experiências foram promovidas em atividades do curso, como é o caso do trabalho com os patrimônios culturais da localidade de cada cursista. Sobre isso, uma das participantes, PA34/exc6, fez a seguinte declaração:

> Achei interessante poder mostrar patrimônios culturais da minha cidade. Também percebi que parei de vê-los com outros olhos, por muitas vezes, ou melhor, na maioria das vezes passamos apressados e não "vemos" a arte que nos cerca, inclusive a arte patrimonial.

Sobre os demais materiais disponibilizados no curso, uma das professoras formadoras, (PF1/exc7) incentiva os alunos afirmando o seguinte:

> Somos eternos aprendizes e este material irá lhe proporcionar novas aprendizagens.

Um dos professores aprendizes (PA42/exc8) colocou em evidência a disponibilidade de um material do curso que lhe foi importante:

> No texto de Mirian Celeste Martins, "Mediação Cultural em educação, arte e tecnologia", percebemos

> a possibilidade de ligação ente educação, arte e tecnologia e percebe-se que as mudanças na arte levam-nos a valorizar as diversidades nas artes apresentadas hoje na contemporaneidade e fazem da mediação possibilidade de propiciar encontros que ampliem pontos de vista em consideração as novas ideias".

Quando se realiza um curso de formação a distância, é necessário observar a utilidade, a coerência e a linguagem de todo o material disponibilizado, pois isso tem impactos sobre o interesse dos alunos pelos assuntos a serem trabalhados. Além disso, é fundamental estabelecer relações entre teoria e prática. Quanto mais os recursos didáticos forem distantes do que se propõe, mais haverá dispersão e desinteresse por parte dos cursistas, problema que compromete a formação e abre espaço para a desistência. Sendo assim, no "desenvolvimento de materiais didáticos para cursos a distância, precisamos identificar quais são as necessidades e possibilidades tecnológicas de cada contexto, quais são as mediações tecnológicas já incorporadas no contexto de formação das pessoas envolvidas" (Corrêa, 2007, p. 18).

Ainda sobre as relações significativas, o desenvolvimento do curso foi concebido com a preocupação de que fosse totalmente voltado para o professor de Arte. Esse cuidado foi norteador desde a estruturação do curso até a criação das atividades propostas, a fim de permitir que os alunos se ambientassem no contexto de arte. Nesse ambiente, os participantes puderam vislumbrar possibilidades de conexões entre teoria e ensino de Arte e se manifestar sobre a elaboração de seus próprios materiais didáticos, como enunciou PA11/exc9:

> Muito embora a beleza proporcionada pelos *slides* de apresentação conteudista vislumbrem o telespectador, faz-se necessário o domínio do que se apresenta bem como a articulação entre imagem visual e textual.

Esse cursista faz referência à noção de *domínio* ao estabelecer a relação entre o saber com propriedade e o conteúdo a ser trabalho em sala de aula, associação que encontra eco nas palavras de Mello (2000, p. 98): "para que a aprendizagem escolar seja uma experiência intelectualmente estimulante e socialmente relevante, é indispensável a mediação de professores com boa cultura geral e domínio dos conhecimentos que devem ensinar e dos meios para fazê-lo com eficácia". Constatamos com essa afirmação a relevância de o profissional da educação ser habilitado na área de conhecimento em que atua, bem como de ter formação continuada. Cabe frisar que, no curso oferecido, cerca de 40% dos professores de Arte não dispunham de formação com ênfase na área de atuação; de tal modo, a formação contianuada a distância possibilitou a esses professores aprendizes uma amplitude de conhecimentos, uma vez que, durante o curso, aprendiam a aprender.

Para oferecer a seus alunos vivências em que a metacognição possa emergir, "O professor deve, obrigatoriamente, fornecer materiais didáticos, que possibilitem este treino, dando orientações precisas, de como o aluno deve fasear a edificação do seu conhecimento de forma a estabelecer relações significativas" (Martins, 2009, p. 189). Assinalamos, no entanto, que *fornecer* materiais não significa "disponibilizar", mas "apontar", "problematizar", "discutir". É referência a explicitação de Loyola (2010, p. 1) sobre o uso material didático no ensino de Arte: "deve ser instigante e despertar a curiosidade dos alunos, deve tocá-los esteticamente, no sentido de provocar estímulos e interesse em saber do que se trata, do que é feito, da possibilidade de experimentá-lo e compreendê-lo etc.". As concepções contemporâneas no ensino de Arte supõem uma didática que preveja intervenções e ações em sala de aula. Os equipamentos tecnológicos constituem ferramentas didáticas importantes, e "seu uso em favor de ideias estéticas pode proporcionar experimentações que potencializam a construção de conhecimentos" (Loyola, 2010, p. 5).

A metacognição possibilita ao professor de arte avaliar seu potencial, pois, ao ter consciência de si, de como aprende, também pode propiciar essa experiência a seus alunos. Um dos compromissos docentes é contribuir para que os alunos vislumbrem suas aprendizagens e como elas são facilitadas. Uma das professoras cursistas PA79/exc10 salientou a **novidade**:

> Sempre o novo nos faz aprender e construir novos conhecimentos.

Cabe fazermos nesse ponto uma reflexão do que se entende por *novo*. Sintetizando as considerações de Parente (2004), Biazus (2002, p. 102) define que o novo seria "tudo aquilo que escapa da representação, o que significa a emergência de uma imaginação criadora". A **imaginação** e a **criatividade** estão relacionadas diretamente ao novo, e essas características estão imbricadas no **fazer artístico**. Essa dinâmica pode ser evidenciada na utilização de tecnologia digital, que "parece viabilizar novas relações em nosso entorno permitindo novos estilos de vida e novos modos de agenciar os saberes e os fazeres relacionados com o Fazer e o Compreender a Arte" (Biazus, 2002, p. 38), aliando-se, portanto, à arte da educação.

Aprender a aprender envolve momentos de reflexão para que o indivíduo conheça a si próprio. Por isso, é oportuno que cursos de formação de professores prevejam e proporcionem momentos para a reflexão sobre os esquemas mentais da aprendizagem, que levam à construção do conhecimento por meio da definição de estratégias que melhor encaminhem os objetivos pretendidos.

5.1.2 Resiliência

Em tempos de incertezas, como bem coloca Demo (2000) em seu livro *Certeza da incerteza: ambivalências do conhecimento e da vida,* muitas estratégias se fazem necessárias, como a **resiliência**. Esta é caracterizada como uma forma de enfrentamento e superação, relativa ao inesperado, fator comum na convivência com outras pessoas, principalmente no âmbito educacional. Morin (2000, p. 27) adverte que "uma nova consciência começa a surgir: o homem, confrontado de todos os lados pelas incertezas, é levado em nova aventura – é preciso aprender a enfrentar a incerteza, já que vivemos em uma época de mudanças em que os valores são ambivalentes, em que tudo é ligado".

Segundo Tavares (2002), foi o cientista Tomas Yung (1807) que observou as características da elasticidade: **tensão** e **compressão**, fatores que deram origem ao conceito de **resiliência**. Pode-se dizer que a resiliência está vinculada à ação estratégica e positiva diante de adversidades e desafios ou, ainda, à habilidade de superar contratempos.

Um dos momentos em que a resiliência pôde ser observada no curso de formação foi quando os integrantes do curso precisaram utilizar, com certa dificuldade, tecnologias digitais em dois dos territórios necessários à execução de dada tarefa. Exemplificamos com a tarefa referente ao território *Processo criativo*, no qual os cursistas tinham de escolher uma lenda de sua região e, por meio de uma breve descrição, fazer uma ilustração. A imagem criada foi gerada no *software* Gimp, a partir de desenhos próprios ou edição de imagens coletadas na internet. Conforme relatos de Amorim e Miskulin (2010), os professores que se encontram em formação continuada para aprendizagem e posterior utilização de tecnologias digitais passam por momentos em que resiliência – ou, ainda, "gerenciamento de mudanças" – é necessária. Nesse processo, há momentos de dificuldades, adversidades e erros, em que é essencial buscar um entendimento do que irá acontecer e quando, além de prospectar como essas mudanças afetarão a atuação docente.

Os professores aprendizes expuseram as dificuldades que tiveram quando da utilização da ferramenta e como estavam lidando com a situação:

> Depois de muito quebrar a cabeça (bendito o comando "desfazer") consegui alguns efeitos, pelo menos interessantes. (PA39/exc11)
>
> Baixei o programa... mas confesso: sou desatualizada... não sei usar... tô tentando aprender... o que não está sendo fácil. (PA75/exc12)

Diante do desafio, PA63/exc13 traçou uma estratégia criativa para conseguir concluir a atividade, o que evidencia a capacidade de reação diante das adversidades:

> Tentei mexer no programa Gimp e simplesmente não consegui fazer o que tinha pensado, então desenhei e escaneei o desenho.

Esses percursos demonstram que o professor aprendiz se põe a refletir, diante do novo, em busca de novas maneiras de aprender.

O contexto escolar evidencia alterações nos comportamentos dos alunos influenciados pelas tecnologias digitais, o que os torna cada vez mais dinâmicos e informados. No decorrer do curso, esse tipo de aprendizagem pareceu ser cada vez mais intuitivo para os alunos. Os professores, por vezes, têm dificuldades em lidar com a utilização de tecnologias, em acompanhar esse ritmo, talvez porque lhes falte tempo ou meios de investimento, e o trabalho em cooperação com os alunos nesse momento é uma das estratégias que se apresenta. Esses fatos são apresentados por Araújo e Sant'ana (2011), que identificam as principais dificuldades dos professores em formação para uso das tecnologias educacionais: a **reflexão sobre a própria prática**, o **tempo a ser dedicado para as novas aprendizagens** e o **planejamento específico na área**.

Em seu depoimento, um dos professores (PA37/exc14) descreveu como enfrenta a situação de, por vezes, os alunos terem mais conhecimentos do que ele quanto ao uso da tecnologia em sala de aula:

> Tecnologia é uma pedra no meu sapato. O computador é uma ferramenta muito nova para mim. Não tenho muita intimidade e tenho até um pouco de dificuldade em usá-lo. Peço que eles (alunos), a partir dos conhecimentos que possuem, me apresentem alguma tarefa que necessite o uso do computador. [...] Quando eles descobrem uma nova maneira de "trabalhar" a imagem ficam ansiosos para mostrarem. Esta foi a forma que encontrei para contornar minha deficiência e conectar a mim e aos alunos à arte, à contemporaneidade e à tecnologia.

Esse professor organizou uma tática, isto é, definiu uma metodologia de trabalho ao fazer com que os alunos se interessassem pelo assunto tratado em sala de aula utilizando ferramentas com as quais eles tinham certa familiaridade, ou seja, partiu do conhecimento prévio dos alunos em tecnologia para iniciar projetos.

Desse modo, esse educador desenvolveu uma estratégia na qual todos se tornavam parceiros de aprendizagem. Tendo em vista as manifestações dos alunos, um dos professores (PF1/exc15) formadores declarou:

> Na verdade, a primeira vez que temos contato com algo novo nos causa estranhamento, mas as experimentações fazem com que o mistério se dissolva e consigamos trabalhar com o *software*.

Esse depoimento demonstra quão importantes são os momentos de experimentação na mediação de aprendizagens, tanto para professores quanto para alunos.

Pouts-Lajus e Riché-Magnier (2000, p. 89) afirmam que

> a tecnologia não é apenas um instrumento para ensinar ou para aprender; pode tornar-se igualmente um objeto de aprendizagem. A aptidão para captar informação pertinente nas múltiplas fontes disponíveis, para acender a novas formas de criatividade, para comunicar através das redes para lá do seu meio imediato, da sua língua e da sua cultura, requer competências práticas e metodológicas que tem que ser aprendidas.

A resiliência não está apenas no enfrentamento de obstáculos quanto ao manuseio de uma tecnologia; ela está presente também no cotidiano do professor. Quando o professor faz proposições para a turma em que atua, não necessariamente os alunos apresentam apenas os resultados esperados pelo educador. Quando se trabalha com pessoas, cada qual com suas particularidades, não há como prever as reações quando do surgimento de algo novo. O professor está vulnerável às manifestações dos alunos, que podem ser avaliadas, de acordo com suas expectativas, como positivas ou negativas. Mediante essa dinâmica, o docente se vê obrigado a (re)organizar seu planejamento.

Ao enfrentar situações inesperadas no dia a dia em sala de aula, o professor precisa acomodar as ações tanto em momentos de ensino quanto de aprendizagem. Em uma das atividades do curso, no território *Mediação Cultural,* os participantes tiveram que elaborar uma proposta de curadoria que envolvesse alguma exposição que estivesse ocorrendo na cidade em que moravam*. Essa proposta se tornou um empecilho para alguns professores, pois havia cidades que não tinham, naquela ocasião, eventos culturais. Nesse caso, PA 28/exc16 sugeriu:

> Posso criar uma proposta de mediação hipotética, pois não está ocorrendo nenhum evento que constitui-se como uma exposição ou abordagem artística no município de [...]; se puder ser algo hipotético,

---

* Lembramos que no curso a distância envolvemos professores aprendizes tanto das capitais quanto de pequenas cidades do interior.

> farei relação à história cultural dos acontecimentos do presente município.

Já o professor PA19/exc17 propôs:

> Nesta tarefa vou pensar uma exposição que esteja acontecendo em algum lugar, pois na minha cidade não há museu, galeria, casa de cultura. NADA. Posso pensar desta forma?

No momento em que os cursistas não dispunham dos requisitos inicias para o desenvolvimento da tarefa solicitada, propuseram, por iniciativa própria, alternativas para que a atividade fosse realizada. Esses foram momentos de resiliência, pois, diante de uma adversidade, não pensaram em desistir, mas sim procurar soluções.

Segundo Praun e La Torre (2011), a resiliência é uma das estratégias a serem consideradas na formação dos professores. Tavares (2002, p. 49), por sua vez, faz a seguinte afirmação:

> Urge, pois, implementar e desenvolver na formação estruturas, processos e atitudes que ajudem os alunos e os professores a serem resilientes para poderem tornar-se elementos ativos na transformação e otimização da nova sociedade que tende, cada vez mais, a dimensionar-se à medida do planeta e dos enormes problemas e preocupações das gentes que o habitam.

A capacidade de se questionar e de se posicionar diante desses questionamentos torna-se uma competência, composta de conhecimentos, habilidades e atitudes (Cazella et al., 2012).

Ainda sobre a resiliência, é importante destacarmos que a pessoa necessita se autorregular e estar predisposta a correr riscos, a enfrentar desafios. De acordo com Petroni e Souza (2009, p. 357), *autorregulação* seria

> o resultado da mediação realizada nas e pelas interações sociais das características culturais presentes no contexto em que o sujeito está inserido, e que foram significadas e tornadas suas pela atribuição de sentidos pelo sujeito, permitindo-lhe construir e dominar sua conduta. Ela seria a capacidade adquirida pelo sujeito de se autorregrar, ou seja, a partir do momento em que ele internalizou as regras mediadas pelo outro e significou-as para si, atribuiu um sentido próprio a elas, tornando-as internas, ele consegue formular suas próprias regras que possam autorregulá-lo.

O risco está relacionado com o medo de errar, e "o medo do erro impede que o sujeito viva o processo de construção do conhecimento em sua intensidade, impedindo a ousadia, a busca do novo" (Esteban, 2000, p. 5). A professora PA52/exc18 comenta sobre o ganho do "permitir-se errar":

> Estar curiosa diariamente diante o novo, acredito que será uma ótima opção para traçar novos projetos, novos caminhos e agora sim aproveitando o conteúdo da bagagem, mas sem preocupar-me em refazer caminhos, em acertar sempre, agora: ganhei o poder do erro, do engano, de tentar acertar todos os dias. E que venham os novos desafios!

Diante disso, podemos dizer que *professor complexo* é aquele que transforma o erro em nova aprendizagem. No entender de Tavares (2002, p. 52, grifo do original):

> Não há dúvida de que o desenvolvimento de capacidades de resiliência nos sujeitos passa através da mobilização e ativação das suas capacidades de *ser*, de *estar*, de *ter*, de *poder* e de *querer*, ou seja, pela capacidade de autorregulação e autoestima como rasgo essencial da pessoalidade.

Para que isso aconteça, nos cursos de formação, os professores aprendizes devem participar de ações que possibilitem a descoberta de suas próprias capacidades, bem como sua aceitação e confirmação de maneira positiva, a fim de que se tornem mais confiantes e mais resilientes às situações desafiadoras. O desenvolvimento de capacidades de resiliência na sociedade do conhecimento parece impor-se. Castro (2002, p. 123) corrobora esse entendimento ao afirmar que "os imprevistos e as mudanças provocam situações de desequilíbrio que exigem novas adaptações".

Um dos professores formadores (PF2/exc19) fez o seguinte relato de sua experiência de vida, que motivou os professores aprendizes do curso:

> foram os desafios que me tornaram o que sou hoje, fui e continuo cada vez mais longe no que tange a minha formação e meu entender como qualificar o ensino de arte dentro da escola.

A resiliência relaciona-se à capacitade de estar disponível ao inesperado. "Na medida em que o professor leva algo de novo para a sala de aula, ele está assumindo um risco pela atividade que pretende desenvolver, pois não sabe se terá êxito ou fracasso" (Maissiat, 2015, p. 65). Os elementos que interferem no trabalho em sala de aula, como os questionamentos dos alunos, os conhecimentos de que dispõem, o desinteresse etc. exigem que o docente improvise, ou seja, saia do seu planejamento para atender à demanda que surgiu; essas alternativas e estratégias que o educador busca fazem parte do ser resiliente. Quanto mais o educador se depara com esse tipo se situação, mais desenvoltura adquire para atuar em ocasiões futuras. Esse processo de reflexão, observação e ação também se refere à autonomia do professor.

5.1.3 Autonomia

O caminho da autonomia é constituído com base nas escolhas individuais. Cada escolha gera consequências, e é preciso disposição para enfrentá-las, sejam elas boas, sejam ruins.

Por ser uma característica de grande importância na atuação docente, optamos por analisar a autonomia sob a perspectiva de como ela pode emergir em um paradigma da complexidade. A fim de que o exercício da autonomia pudesse ser efetivado, foi proposta no segundo módulo do curso a escolha de cinco entre oito territórios que poderiam ser trilhados de maneira livre pelos participantes.

No início, houve certo estranhamento por parte dos cursistas quanto à liberdade de escolha; muitos entraram em contato para confirmar essa proposta, ou seja, se eles haviam entendido bem como deveriam proceder. Um dos integrantes (PA78/exc20) assim se manifestou sobre a arquitetura do curso:

> Percebo que muitos colegas de profissão têm dificuldade em relação a este encaminhamento "não cronológico", até porque a formação deles foi em encaminhar conteúdos da disciplina de arte como se o conhecimento em arte e história da arte fosse prioridade.

Isso ficou evidente na primeira semana de atividade: constatamos que a maioria escolheu o primeiro território de acordo com a disposição no Avea. A partir da segunda atividade, as escolhas começaram a ser feitas de maneira mais aleatória. Registramos que houve o cuidado de montar o ambiente virtual de modo a não influenciar o cursista, com a elaboração do mapa clicável (Figura 5.2) e a retirada do número da semana que aparece no canto superior esquerdo a cada novo conteúdo dentro do Avea Moodle, evitando a noção de linearidade dos conteúdos.

Figura 5.2 – Espaço azul – território processo rizomático

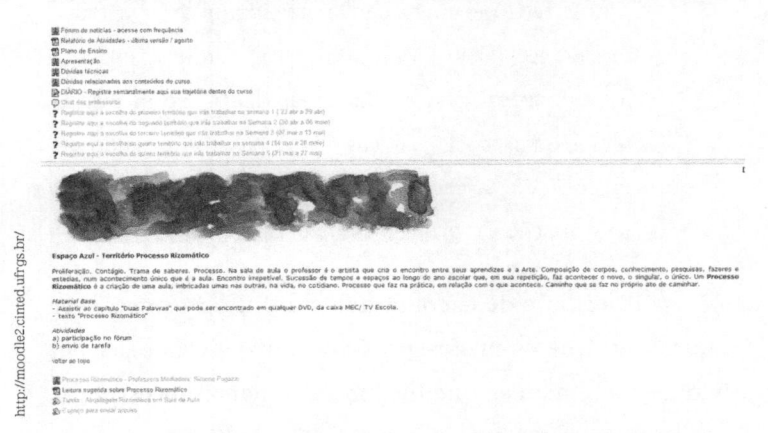

http://moodle2.cinted.ufrgs.br/

O mapa foi criado para que os cursistas pudessem ter a visão do todo, ou seja, de tudo que o curso abrangia. Nele, constava o ponto de partida, que foi a ambientação ao Avea e os territórios; uma linha pontilhada indicava que o caminho a percorrer era individual e não linear. Apenas uma seta foi inserida para apontar qual deveria ser o último território, chamado *Zarpando*, a partir do qual o professor seguiria com suas aprendizagens, ampliando e ressignificando o que trabalhara no curso (Figura 4.2).

No decorrer do curso, registramos manifestações positivas quanto a essa didática:

> Gostei das atividades propostas e do formato em que se escolhem livremente os territórios. (PA06/exc21)

Outro participante (PA42/exc22) fez um depoimento expressivo:

> Percebo que o modo como este curso está sendo ministrado permite a cada participante ser construtor do seu próprio caminho, trilhando o percurso que acredita levar a dimensões físicas, cognitivas, emocionais, sociais, éticas e estéticas, respeitando a capacidade de cada um experimentar, incentivando a formação e o próprio conhecimento.

Essa liberdade de escolha dos caminhos a percorrer no curso fez que os professores aprendizes procurassem atividades e temáticas que lhes fossem mais interessantes antes ou que despertassem sua curiosidade. Com essa motivação, ficou evidenciada a dedicação em suas participações. Alguns deles foram além do que foi solicitado, tanto no que diz respeito a atividades específicas de cada território como na iniciativa de percorrer territórios além do número estipulado inicialmente.

Em um dos DVDs apresentados para apreciação dos participantes, relacionado à fotografia, Antônio Seggasi falava sobre esse recurso e seu trabalho com a fotografia digital. Esse artista explica que seu fazer artístico é como um ponto de vista, algo particular, o que estabelece relação com a questão da autoria, também associada às concepções de autonomia. A esse respeito, PA 82/exc23 e PA62/exc24 assim se posicionam, respectivamente:

> o olhar do fotógrafo naquele instante, em determinada foto, e que ao olhar do expectador já não é mais o mesmo foco.

> uma reflexão da fotografia como arte, da sua função de registro ou sua função documental. Podemos pensar sobre a autoria, quem realmente produz e consome este trabalho.

Com essa proposta temática, os alunos puderam observar que tanto o olhar do fotógrafo quanto o do observador são únicos: várias pessoas podem tirar fotografias em um mesmo espaço, mas cada uma apresentará suas particularidades. Todos têm vivências, concepções, crenças, e curiosidades próprias, o que mostra que cada ser é único, fato que influencia no olhar fotográfico. Isso está relacionado diretamente à autonomia.

De acordo com Weinberger (2007), as tecnologias digitais, que disponibilizam o acesso cada vez mais amplo e diversificado a informações, demandam escolhas e decisões rápidas. Morin (1998, 2003a, 2003c) faz contribuições para o entendimento da autonomia: para o autor nenhum ser biossocial é completamente autônomo, pois se deixa influenciar pelo meio em que vive, ou seja, é dependente de fatores externos e internos. Freire (2011) ressalta a importância de o professor se reconhecer autônomo, isto é, de ter capacidade de agir por si, de expor suas ideias, de saber-se no mundo de maneira crítica, de fazer escolhas e agir com responsabilidade.

Recordamos que estimular a autonomia nos alunos é um dos papéis que o professor agrega à sua prática.

Sobre a autonomia, PA76/exc25 constata o seguinte, ao refletir sobre seus alunos:

> pensar na sua realidade, no que move os nossos alunos é fundamental para qualquer projeto. Pensar a realidade, o contexto, a história, as tradições de cada região é pensar um projeto que tem muitas chances de ser realmente significativo.

Considerar o contexto em que o aluno vive e os conhecimentos prévios que ele tem é uma forma de estimular e fortalecer a autonomia. Como consequência, o estudante tende a respeitar os saberes e a identidade cultural individual, não só no espaço acadêmico, mas também em outras instâncias sociais em que atua.

A dependência e a autonomia não apresentam dimensões absolutas em si, assim como não são excludentes. Em verdade, elas se retroalimentam, visto que, segundo o paradigma da complexidade: "Essas dependências configuram limitações, obstáculos, ameaças, mas, ao mesmo tempo, é delas, e a partir delas, que os seres vivos obtêm energia, aprendizagem, conhecimento, organização e, de certa forma, liberdade" (Martinazzo, 2017, p. 8).

Sobre o papel do professor, PA09/exc26 o chama de *propositor*, aquele que tem a função de:

> instigar os outros para uma viagem rumo à liberdade. Para isso, precisa estar focado, contaminado pela arte, sempre se inventando e arriscando.

Martins e Picosque (2012), ao versarem sobre a noção de *professor-propositor*, afirmam que as características necessárias para tal são: "elevar-se à condição de criador dos próprios percursos de aprendizagem junto aos alunos, de tecer a coautoria do seu pensar/fazer pedagógico com escolha de caminhos que possam abrigar e expressar também os desejos de seus alunos".

Nas palavras de Morin (2003c, p. 66):

> Para sermos nós mesmos precisamos aprender uma linguagem, uma cultura, um saber, e é preciso que esta própria cultura seja bastante variada para que possamos escolher no estoque das ideias existentes e refletir de maneira autônoma [...]. Ser sujeito é ser autônomo, sendo ao mesmo tempo dependente. É ser alguém provisório, vacilante, incerto, é ser quase tudo para si e quase nada para o universo.

Sobre o sujeito *aluno*, PA36/exc27 declara:

> Eles devem fazer parte das escolhas e caminhos pelos quais nossas aulas transitam.

Isso se mostra fundamental na sociedade. Observamos que essa fala está permeada de pensamento e ação complexa.

O desafio do professor, diante dessa visão complexa, é a organização de ambientes pedagógicos produtivos e processos educacionais compatíveis, que favoreçam a construção da autonomia. Martinazzo e Amaral (2012, p. 57), ao se referirem a esse pensamento, afirmam que: "Este desafio da compreensão e da construção da autonomia do educando pressupõe a aprendizagem e a adoção dos princípios da teoria da complexidade, que concebe o homem como um organismo vivo, biocultural, com capacidade e características autoeco-organizadoras". Sobre o desafio, PA65/exc28 comenta a tarefa de educar do professor de Arte:

> é complexa, se tomarmos como base o fato de que não seguimos conteúdos sequenciais, em apostilas, mas levamos em conta nossos alunos, o contexto deles, o repertório artístico-cultural que trazem para podermos traçar nossas aulas.

Novamente, verificamos que o professor-aprendiz-complexo entende que autonomia e dialogia estão imbricadas na educação contemporânea. Isso se torna um desafio na busca de caminhos para trabalhar materiais, atividades, propostas etc. A esse respeito, Martinazzo e Amaral (2012, p. 60) sustentam:

> A interação, o diálogo, o desafio da criação, as situações de desequilíbrio, o enfrentamento das incertezas, a consideração das diferenças individuais, são atitudes fundamentais para a construção da autonomia do educando, para o movimento

de aprender e de ensinar e, consequentemente, para o processo de aprendizagem humana.

Um dos cursistas (PA65/exc29) compara a atuação do professor à de um curador:

> É curioso como nós professores somos curadores de nossas aulas! Como é importante ter sempre isto em mente, principalmente quando selecionamos o repertório que iremos traçar em nossas mediações. A significação de curadoria encaixa-se perfeitamente no nosso ato de educar: tutores, cuidadores e responsáveis pelas nossas ações no sentido do ensino-aprendizagem.

Como assinala Gonçalves (2004, p. 110), "o curador impulsiona a revisão de significações e coloca-as em constante reconstrução". Essa é uma função necessária ao professor de Arte, que, a partir da seleção dos materiais que utilizará em sua aula, elabora uma estratégia, uma trama de significações para apresentar aos seus alunos, o que ficou expresso no depoimento anterior.

Segundo Contreras (2002), na atuação docente, a autonomia é um processo de construção permanente, no qual se conjugam e se equilibram os aspectos pessoais, de relacionamento, tentativas de compreensão e equilíbrio social.* A constituição do ser-professor pauta-se no entendimento de sua inteireza, visto que se trata de um ser complexo, pertencente

---

* Esses temas serão abordados mais detalhadamente na seção 5.1.4, "Subjetivação".

a um contexto e detentor de particularidades. Assim como é interessante que ele tenha esse olhar sobre si, é fundamental que também o tenha sobre seus alunos. No ponto de vista de PA53/exc30:

> cabe ao educador um olhar sensível frente à diversidade, para assim compreender o indivíduo com suas particularidades, de forma a realmente contribuir para a construção da autonomia e cidadania de seus alunos, e para o desenvolvimento da criatividade, senso crítico, estético etc.

No momento em que o professor compreende que o ato de educar é um processo, observar o que está em seu entorno torna-se parte de sua atualização. As vivências que o professor constrói ao longo de sua carreira ampliam seu repertório referente às maneiras de agir e de observar o todo, bem como as particularidades de cada aluno.

A construção da autonomia do professor pressupõe vários aspectos que se inter-relacionam: reflexão crítica, conscientização, apropriação de conhecimentos teóricos e metodológicos, tomada de decisão e, ainda, autogerenciamento dos saberes. Sobre isso, PA72/exc31 enuncia:

> o professor além de ser um pesquisador é aquele que propõe coisas em sala de aula, provoca os outros a entrar no universo da arte, para a arte existir, o expectador deve fazer, inventar, se arriscar.

Então, ao ter autonomia, o docente acessa a competência necessária para criar situações para desenvolvê-la em seus alunos. De acordo com PA31/exc32:

> o professor deve ser propositor, ou seja, lançar os alunos na criação, na produção dos sentidos, do enfrentamento ao não saber.

Esse depoimento reforça o quanto é significativo procurar compreender e estimular aspectos como autonomia, criatividade e criticidade no aluno, não somente *no* e *para* o desenvolvimento da aula, mas para a construção do próprio indivíduo.

Segundo Freire (2011), a autonomia se constrói por meio de várias experiências e inúmeras decisões que vão sendo tomadas. Como observa o educador: "A autonomia, enquanto amadurecimento do ser para si, é processo, é vir a ser. Não ocorre em data marcada. É neste sentido que uma pedagogia da autonomia deve estar centrada em experiências estimuladoras da decisão e da responsabilidade, vale dizer, em experiências respeitosas da liberdade" (Freire, 2011, p. 121).

De acordo com os elementos que compõem o sujeito complexo, no denominado *auto-feno-geno-(re)organizador*, o prefixo "auto" refere-se à autonomia. Então, o entender e o desenvolver do professor em sua complexidade significa vivenciar essa característica para que possa também desenvolvê-la nos alunos.

5.1.4 Sobre a subjetivação

Profissional-professor/ser-professor configuram apenas um sujeito, ou seja, as características e concepções pessoais interferem no fazer docente. Isso recebe a denominação de *subjetivação* ou *subjetividade*, que vem a ser compreendida, em conformidade com o pensamento teórico, como um

> vir-a-ser aleatório produzido em uma rede de sistemas interdependentes, na trama de inter-relações, de grupos sociais, culturais e biológicos. Uma subjetividade que não é o ser, tampouco a essência, a raiz do ser, mas sim, os modos de ser na auto-eco-organização, na interação consigo, com o outro, com o sistema social. Portanto, a subjetividade é compreendida como uma emergência produzida na inter-relação entre o social, o cultural e o biológico; uma experiência fenomenal, individual e coletiva a um só tempo, pressupondo a autonomia e a dependência na interação com o outro para a produção de sujeitos. (Alves; Seminotti, 2006, p. 120-121)

Complementando essa ideia, Santos (2003, p. 48) destaca a subjetividade relacionada à didática, sob a ótica da complexidade, "como fenômeno do sistema auto-eco-organizador [que] aparece como processos interiores nos embates da vida". O que nos torna sujeitos subjetivos são as experiências individuais e coletivas que interferem diretamente em nossa maneira de pensar e de agir. As crenças e as concepções de cada sujeito refletem-se em suas ações e isso acontece em todos os contextos dos quais ele participa, sejam profissionais, sejam familiares. Então, para que os sujeitos, especificamente os professores de Arte em nossa pesquisa, externalizassem e observassem sua subjetividade, propusemos uma atividade no curso em que tivessem que manifestar suas opiniões e seus gostos pessoais.

Para que os cursistas pudessem revelar sua personalidade diante de dada circunstância, solicitamos, em determinada atividade, uma seleção de imagens extraídas de coleção pessoal – disponíveis em acervo particular ou escolhidas com base em determinada temática. Feita a coleção, incentivamos a elaboração de um pequeno vídeo acompanhado de trilha sonora que tivesse relação com a seleção feita. Os trabalhos produzidos e os resultados obtidos evidenciaram o cuidado para que todos os elementos envolvidos (imagens/som/temática) tivessem relação entre si, ou seja, que apresentassem uma contextualização coerente. Para exemplificar, citamos o caso de PA39, que elaborou um material com fotos que tirou durante um ano, uma por dia, mostrando seu cotidiano e as coisas que lhe inquietavam ou faziam bem. Já PA64/exc33, além de sua composição, denominada *Imagens de olhares*, criou um poema que compunha seu trabalho, descrevendo-o da seguinte forma:

> poema que criei inspirado na função primordial do professor, tem o título "Olhar", mas não apenas olhar com os olhos, e sim com a alma, os sentimentos, a afetividade e atenção, muito do que nossos alunos precisam, necessitam e almejam, e OLHAR COM

> ARTE ficou muito mais simples de tocar o espírito e o coração de nosso próximo". [grifo do autor]

Essas duas declarações revelam o quanto as subjetivações foram manifestadas na elaboração do trabalho citado e o quanto essa iniciativa foi significativa para os envolvidos.

Tendo como exemplo os estudos realizados por Biazus, Amador e Oliveira (2012), o curso analisado prévia a criação de um campo de experimentação com as tecnologias digitais em que a subjetividade pudesse ser trabalhada a partir da construção com imagens. Isso porque "tecnologias de imagem por si só não garantem modos de subjetivação afeitos às forças criadoras necessitando passar por um processo de desprendimento da analogia representativa pela criação de um interstício inventivo que presentifique a alteridade" (Biazus; Amador; Oliveira, 2007, p. 14).

Perante a atividade anteriormente descrita, os professores aprendizes assim se posicionaram:

> O conjunto de imagens do meu cotidiano... às vezes rotineiro, outras nem tanto, formam meu horizonte... minhas pequenas derivas... (PA76/exc34)

> Inspirada em flores que tanto amo, um vídeo com uma coleção de imagens de flores que tanto admiro. (PA54/exc35)

Como descrito na seção anterior, sobre autonomia, os participantes podiam escolher o caminho a percorrer no segundo módulo do curso e tinham de justificar suas escolhas. O gosto pessoal teve influência na escolha dos territórios, pois eles estavam identificados por cores. Por exemplo: PA19 escolheu um dos territórios pela cor violeta, que é sua cor favorita, e PA3 seguiu a mesma linha de raciocínio ao afirmar que estava procurando usar roupas no tom de verde, e por isso havia escolhido essa cor. Nesse procedimento, este último participante, assim como outros, permitiu-se ser sujeito, ou, ainda, indivíduo com perspectivas, opiniões e desejos.

Sujeito é aquele que tem uma relação dinâmica e complexa com a sociedade, que participa e faz história, é influenciado pela cultura, pelo espaço e pelo tempo em que vive. Esse ser-professor "é inseparável do indivíduo, que vive de maneira incerta, aleatória, e acha-se, do nascimento à morte, em um meio ambiente incerto, muitas vezes ameaçador e hostil" (Morin, 2003a, p. 124). Nessa perspectiva, Souza (2012, p. 31) confirma que o fazer docente na complexidade "constitui-se na relação com o outro num processo mútuo de formação, em que a docência e a discência são fases de um mesmo processo formativo e constitutivo de sujeitos históricos". O que buscamos em nossa pesquisa, portanto, foi entender como essas relações foram constituídas.

Durante a realização das atividades, os professores se colocavam não apenas como profissionais-professores, mas como seres em processo, disponíveis para as inter-relações que estavam se constituindo. Seus gostos, anseios apareciam em suas falas e se colocavam diante do que significava *artes* para eles:

> A arte vive em mim... e a admiração por alguns artistas transponho em meus olhares, minhas coleções de olhares. (PA45/exc36)

Outro professor aprendiz (PA63/exc37) fez relação direta à obra da artista Amélia Toledo, que foi a temática de um dos DVDs trabalhados durante o curso:

> Bem, falar de Amélia Toledo é falar do que realmente sinto sobre as artes, pois me considero uma professora artista ou artista professora.

De acordo com PA68/exc38, o curso se tornou um momento de reflexão pessoal:

> Estou vivendo um momento de encontro comigo mesma, com quem fui, com quem sou, com quem quero ser. complicado e simples assim.

Verificamos processos dialógicos nos enunciados dos professores aprendizes, em que a alteridade, como parte integrante desse movimento, é observada no ir e vir do sujeito ao ambiente virtual. Esse indivíduo consegue vivenciar a importância desse momento de encontro consigo mesmo, dialógico por essência, como defende Bakhtin (2000, p. 46):

> A atividade estética propriamente dita começa justamente quando estamos de volta a nós mesmos, quando estamos no

nosso próprio lugar, fora da pessoa que sofre, quando damos forma e acabamento ao material recolhidos [sic] mediante a nossa identificação com o outro, quando o completamos com o que é transcendente à consciência [...].

Antônio (2009, p. 106), com base nas considerações de Morin e Prigogine, descreve esse sujeito "de conhecimento e de existência, [que] tem história e tem voz. Tem corpo, tem desejos, tem memórias, tem projetos. Não pode ser ignorado, nem neutralizado nas interações em que se elaboram os saberes, nem nas interações em que se produzem as aprendizagens". Frisamos a posição de PA13/exc39, que fez o seguinte comentário:

> vamos através daquilo que somos, daquilo que vivemos. Por isso, fala-se de subjetividade e da unicidade dos pontos de vista.

No momento em que os professores se percebem como sujeitos de subjetividade, eles também reconhecem essa característica em seus alunos e podem estimulá-los em sala de aula.

Uma das falas dos professores aprendizes (PA70/exc40) sintetiza a proposta da subjetividade na educação:

> O ser humano cria sua própria forma de expressão na sua vida cotidiana. Busca compreender através da arte o seu lugar no mundo, ou seja, através da linguagem artística, vai despertando sua sensibilidade, sua percepção, sua experimentação e sua

> criação, tão importantes para que ele compreenda e usufrua o mundo que o cerca com uma aprendizagem significativa.

Cada aluno se manifesta de acordo com sua subjetividade, já que é um sujeito único. Isso pode ser ativado quando o professor solicita trabalhos que exigem dos estudantes a inserção de suas percepções na produção, diferentemente de um exercício de reprodução, em que a subjetividade não aparece.

Sobre a subjetividade docente, Souza (2012, p. 200) exprime que esta "implica um olhar sobre o professor que o considere como sujeito de pensamento, sentimento e vontade. O seu pensamento, aparato de suas decisões profissionais no cotidiano escolar, não atua sozinho, mas articulado com os entimentos e mobilizado pela vontade".

A subjetividade está relacionada diretamente aos saberes. O saber, de acordo com PA28/exc41, é:

> a subjetividade que vai sendo construída através de nossa experiência de vida.

E sobre isso complementa uma das professoras formadoras (PF3/exc42) do curso:

> conhecer outras culturas nos dá elementos para construir nossa subjetividade (continuadamente, claro).

Os cursistas puderam acompanhar as experiências dos colegas por meio dos depoimentos nos fóruns, nos quais havia justificativa e motivação para realizar a atividade de seleção de imagens. Além disso, puderam trocar experiências, reconhecer-se nelas e pensar em futuros trabalhos.

É importante, no processo de formação docente, auxiliar os professores a se entenderem como sujeitos e, assim, se tornarem sujeitos. De acordo com González Rey (2007, p. 144, 146), "se tornar sujeito significa expressar na ação configurações subjetivas singulares, tomar decisões, assumir a responsabilidade individual pela ação e a dimensão pessoal do sujeito implica uma posição criativa pessoal perante o mundo". É importante mostrar aos docentes em formação que "reconhecer a importância dos sentimentos, da criatividade, da imaginação, da cultura, é inseparável do reconhecimento dos sujeitos humanos e do seu papel" (Antônio, 2009, p. 109). (Re)conhecer-se como sujeito complexo é, então, vislumbrar-se em sua plenitude.

5.1.5 Criatividade

A criatividade deveria ser própria do fazer docente do professor. Especificamente, no caso do professor de Arte, é fundamental "incentivar os alunos à reflexão crítica e individual, ajudando-os a adquirir conceitos e julgamentos individuais, capacitando-os, assim, de se tornarem indivíduos capazes de exercer o seu potencial criativo" (Louro, 2011, p. 11). Essa característica, também própria do sujeito complexo, apresenta-se desde a formação primeira do professor, no ensino superior, em que lhe é exigida a criação, até sua prática docente, na proposição de atividades e produção de materiais. Segundo Morin (2000, p. 61), "a criação brota da união entre as profundezas obscuras psicoafetivas e a chama viva da consciência".

Nesta obra, emprestamos a reflexão de Figueiredo (2011, p. 15) para entender a *criatividade* como uma característica que "existe em todos os indivíduos e pode ser desenvolvida e transformada em novas capacidades individuais, pela sua ligação com os processos de pensamento associados à imaginação, *insight*, inovação, inspiração invenção, intuição e originalidade". Um dos professores formadores (PF1/exc43) do curso assim se manifestou quanto à criatividade:

> A possibilidade da criatividade é por si só provocante e por que não dizer desafiadora! Ainda sobre o processo criativo podemos dizer que é um ir além, como outros olhos e/ou novas práticas.

O "ir além" a que PF1/exc43 se refere está relacionado a um ponto de partida, a um enunciado ou uma técnica que, por meio de processos criativos, dá vazão às subjetividades. No último território – o *Zarpando* –, os professores tinham um ponto de partida – um enunciado que compreendia apenas alguns itens –, sendo instados a desenvolver um projeto inspirado em um dos DVDs ainda não trabalhados. Mesmo que alguns cursistas tenham escolhido o mesmo território, os trabalhos foram diferentes, ratificando que os processos de subjetivação são particulares.

Os processos de criação são muito valorizados no ensino da arte. O material dos DVDs do Arte na Escola dedicou um dos seus territórios a esses processos. Com base na mídia citada, os aprendizes deveriam fazer a manipulação digital de uma imagem, composta por um terceiro ou pelos próprios participantes do curso. As tecnologias digitais mostram-se como estímulo criativo, uma vez que possibilitam o acoplamento de várias mídias. A esse respeito, Oliveira (2017, p. 23) afirma que "muitas são as tecnologias que neste momento permitem uma associação com o mundo da expressão artística, favorecendo a exploração de novos caminhos neste domínio". O comentário de PA42/exc44 vai ao encontro do posicionamento da referida autora:

> Rapidamente a arte vem se relacionando com a tecnologia. Artistas buscam novas formas de expressão e de criação. A tecnologia tem um papel inovador na arte, pois além de auxiliar no desenvolvimento de novas formas de expressão, faz com que muitos possam ter acesso a cultura através de sua rápida divulgação.

Como mencionado no Capítulo 3, as tecnologias são aliadas dos processos de criação artística, até mesmo dos objetos empregados para a elaboração da obra. Muitas delas, como o computador e a internet, tornaram-se veículos de divulgação e socialização da arte. Muitos são os espaços de arte (galerias e museus) que permitem um *tour* virtual pelos trabalhos em exposição e por aqueles que fazem parte do acervo da instituição, como é o exemplo do Museu de Artes do Rio Grande do Sul (Margs)*.

O material para estudo (textos e vídeos do Margs)** expressava que o **processo de criação pode ser desenvolvido**. Após a leitura do material disponível e visualização dos vídeos, PA17/exc45 assim se pronunciou:

> concordo e discordo. Minha criatividade depende muito de meu "estado de espírito". Há vezes que quanto mais penso, mais oca me sinto. Para desenhar ou pintar preciso ter vontade, desejo, caso contrário não sai coisa boa.

Aqui há uma relação em que se permite ser criativo quando se está em fase de inspiração. Há entre arte e criatividade uma simbiose. "A arte contribui para estimular a sensibilidade estética e para libertar a criatividade, facilitando a descoberta das mais variadas técnicas e formas de expressão, bem como o completo desenvolvimento da personalidade" (Figueiredo, 2011, p. 43). Um dos participantes (PA57/exc46) registrou a importância do estudo sobre o artista, relacionado ao processo de criação:

> me encanta conhecer o percurso do artista, que caminhos percorreu para resolver sua obra. Isto

---

* É possível fazer um *tour* virtual pelo Margs acessando o seguinte endereço eletrônico: <http://www.margs.rs.gov.br/tour-virtual/>.

** AS FÁBULAS de Antônio Poteiro. KEHRWALD, I. P. Processo criativo: para quê? para quem? Arte na Escola.

> nos aproxima mais da obra de arte como processo de criação, que somos produtores de arte assim como nossos alunos podem ser criadores também.

As escolhas do artista citadas nesse depoimento estão relacionadas a sua subjetividade. Estudar sua motivação e intenção de realizar um trabalho permite entender suas obras com mais propriedade. Além de observar esse processo criativo no outro, é interessante que o sujeito observe seus próprios processos de criação, razão por que era solicitado aos professores do curso que justificassem suas escolhas e explicassem como davam andamento a elas.

Entendemos, assim, que todos podem ser criativos. Isso é ilustrado por Kehrwald (2002):

> Por um longo período foi entendido como um dom, um talento, um presente divino, e só recentemente este inatismo foi substituído por concepções que apontam para a possibilidade de que todos e, cada um em particular, podem desenvolver-se criativamente, quer seja pelas vivências do dia a dia, pelo esforço pessoal ou pela educação formal e informal. Isto é, aprende-se a ser criativo e este é um processo contínuo que ocorre ao longo de toda vida.

A criatividade é o princípio da mudança. Ela está relacionada tanto ao pensar quanto ao agir. Ao pensamento, porque é por meio dele que se arquiteta a ação, com novas ideias, por exemplo. Constatamos isso em uma das falas dos participantes (PA79/exc47):

> Podemos afirmar que todo o processo criativo de todas as expressões artísticas em todas as áreas começa pela ideia.

A criatividade associa-se também ao agir, porque o que é objeto de reflexão pode ser colocado em prática. PA16/exc48 descreve como compreende a criação:

> Aprendi que a criação é prazerosa, é uma expressão subjetiva que aflora para o coletivo.

O processo é primeiramente mental e, em seguida, é prático. Por essa especificidade, havia espaço nos fóruns do curso para que os integrantes relatassem suas ideias de projetos e de trabalhos a serem desenvolvidos, para depois pensarem em como realizá-los, dinâmica que permitia a troca de ideias e estratégias.

Parece-nos imprescindível a criatividade como partícipe do ensino atual, em associação à perspectiva da complexidade. Hargreaves (2004, p. 46) descreve, em poucas palavras, que "ensinar para a sociedade do conhecimento estimula e floresce a partir de: criatividade; flexibilidade; solução de problemas; inventividade; inteligência coletiva; confiança profissional; disposição para o risco; aperfeiçoamento permanente".

Segundo Figueiredo (2011, p. 10), o professor de Arte, no ambiente escolar, é considerado "um motor de desenvolvimento da criatividade dos alunos, no sentido de promover e contribuir para o aperfeiçoamento de diferentes capacidades, como a imaginação, a originalidade e o desenvolvimento de estratégias para a resolução de problemas". O depoimento de PA05/exc49 corrobora tal discurso:

> é importante deixar o aluno viver o processo de criação, não que eles são artistas, mas deixá-los se manifestarem, ampliar o olhar sem medo do erro, sem precisar de algum saber artístico predefinido, explorar o desconhecido.

PA70/exc50 complementa o depoimento anterior:

> devemos incentivar a pesquisa e a realização de trabalhos de arte, que desenvolvam a imaginação, o sonho, a criatividade.

Na declaração a seguir, além da postura do professor, o professor aprendiz (PA42/exc51) menciona a postura da escola diante da promoção da criatividade:

> A escola e o professor devem investigar a criatividade do indivíduo contribuindo para a humanização como um ser cultural.

Assim, estimular a criatividade pode auxiliar não só nas tarefas relacionadas à disciplina de Artes, como também na postura dos alunos perante outras disciplinas, como Literatura Língua Portuguesa ou Matemática, na escrita de resenhas ou, ainda, na resolução de problemas matemáticos. Essa característica auxilia também o professor na hora de criar materiais, propor atividades, desenvolver trabalhos artísticos e elaborar estratégias para sua atuação em sala de aula.

Aos que se questionam sobre como se tornar criativo, Sternberg e Williams (2003, p. 14), respondem que "não se pode seguir uma receita para desenvolver a criatividade – primeiro, porque não há nenhuma; segundo, porque uma receita dessas determinaria um papel-modelo não criativo".

A criatividade é crucial tanto na elaboração de trabalhos e propostas de atividades como na resolução de alguma adversidade (resiliência). Do docente é demandada autonomia para realizar essas iniciativas, e essa demanda mostra que as características do sujeito complexo estão cada vez mais imbricadas e necessitam ser trabalhadas em conjunto. A criatividade é, assim, vital à prática educativa, pois é com ela que se enriquece e se multiplicam as ações nos contextos educativos.

5.1.6 Transdisciplinaridade

A transdisciplinaridade no campo das artes "significa, precisamente, a capacidade de dialogar e articular a multirreferencialidade e a multidimensionalidade do mundo e da vida, isto é, dos níveis de realidade" (Rosenthal, 2010, p. 3). De acordo com a etimologia da palavra *trandisciplinaridade*, entende-se que se trata de algo que transcende a disciplina, não pressupondo oposição, mas complementaridade (Nicolescu, 2001). Remete à busca do que há de comum em áreas distintas, portanto, transitar por várias áreas do conhecimento e promover um diálogo entre elas, ou, ainda, transcender o pensamento linear. Segundo D'Ambrosio (2011, tradução nossa): "a única possibilidade de conhecer a totalidade – se isso é possível! – é adotar um enfoque holístico, indo além das disciplinas, transcendendo objetos e métodos disciplinares. Isto é transdisciplinaridade".

Como mencionado no decorrer desta obra, o pensamento complexo apoia-se na transdisciplinaridade (Morin, 1998; 1999; 2000; 2002; 2003a; 2003b e 2003c). Para acessar à transdisciplinaridade, é preciso ter conhecimento disciplinar, ou seja, a própria pesquisa transdisciplinar se apoia na pesquisa disciplinar, visto que, como comentamos anteriormente, esses conhecimentos não são antagônicos, mas sim complementares (Santos, 2003). O desafio consiste em transitar pela diversidade de conhecimentos, sejam eles pertencentes a uma mesma área do conhecimento ou não.

Um dos territórios dos DVDs do Arte na Escola utilizados como material do curso está vinculado a conexões ou, ainda, à transdisciplinaridade. Sobre o tema, PA28/exc52 assim versa:

> Falar em conexões é transitar por espaços não lineares e que não requerem uma continuidade, pois possibilitam que tracemos novos conceitos e contextos através da interligação entre um e outro saber, potencializando a aprendizagem inter-trans-multidisciplinar com a noção interterritorial onde as fronteiras se deslocam e possibilitam a cartografia de nossos saberes.

Os materiais para a elaboração do DVD – até mesmo o encarte que mostrava a transição que um único material poderia promover –, com diferentes vieses, fizeram o cursista se perceber em um ambiente transdisciplinar.

Com base no DVD, o qual apresenta um fotógrafo que, com apoio de biólogos, desenvolve seus trabalhos por meio da macrofotografia, os participantes do curso tiveram de fazer um relato dos aspectos positivos e negativos quanto à aplicabilidade da transdisciplinaridade em sala de aula. Sobre os aspectos positivos, PA47/exc53 registrou:

> abordamos o trabalho de Artes, de forma, certamente, transdisciplinar esta será uma experiência muito mais valiosa e com resultados satisfatórios.

PA68/exc54 menciona a ocorrência, por meio desse processo, da aprendizagem significativa:

> Tratando as aulas de artes de modo transdisciplinar estaremos estimulando os alunos a fazerem pesquisas e conexões entre os conhecimentos. Com essa junção, ocorre o aprendizado significativo que nós professores/pesquisadores, tanto buscamos.

Ainda sobre esse tema, um dos professores aprendizes (PA28/exc55) menciona:

> é possível trabalhar a partir de um tema gerador, unir diversas disciplinas em prol de um problema real e articular com diferentes recursos para desenvolver

> um trabalho de qualidade e potencializar a aprendizagem significativa.

O ensino mediado pela transdisciplinaridade surge, então, como alternativa, em que os conteúdos apresentados mostram-se conectados uns aos outros, criando-se uma **rede de significações** para os alunos. Quanto mais o aluno perceber as relações e a aplicabilidade daquilo que aprende, mais o saber será palatável para ele.

Um dos pontos negativos elencados foi a pouca deferência com que alguns professores de outras áreas de conhecimento tratam a disciplina de Arte, situação confirmada por PA33/exc56:

> me incomodam algumas atitudes de colegas de outras áreas. Exemplifico: pensar que a disciplina de Artes deve ficar a serviço de outras disciplinas e, com isto, dizer que se trabalha de forma transdisciplinar.

No cotidiano escolar, muitos profissionais deixam transparecer em sua conduta uma visão distorcida da transdisciplinaridade. PA33 relata que um colega, professor de Ciências, propôs um trabalho do curso em conjunto, mas seria apenas papel dela, como professora de Arte, fazer a maquete relacionada ao que estavam estudando.

Existem relatos de professores de outras matérias que enxergam a disciplina de Arte como complemento das suas, como uma "fábrica de artesanato", na produção de fotografias e cenários para peças. É comum que a coordenação de algumas escolas solicite aos professores de Arte a organização das festividades. Por essa razão, defendemos que ainda é necessária a reafirmação da importância da disciplina na formação do sujeito e na contribuição do desenvolvimento de sua expressividade.

Outro pronto negativo referido foi a falta de tempo, relatada por PA02/exc57:

> Para ter transdisciplinaridade é preciso organização, estudo, pesquisa, reflexão e debates, e está cada vez mais difícil com a correria do dia a dia.

Além da falta de tempo, PA19/exc58 comenta que normalmente os profissionais trabalham com turmas numerosas. Essa é uma realidade apontada pela maioria dos professores aprendizes, pois, como a carga horária semanal da disciplina de Arte corresponde a apenas uma hora/aula, os educadores agregam inúmeras turmas e tendem a trabalhar em mais de uma escola para fechar suas grades de horários. É comum também que um único docente dessa disciplina assuma toda a área em dada escola.

Reiteramos que os professores aprendizes tiveram de escolher os territórios (cinco entre oito) a serem cursados no projeto analisado nesta obra e justificar suas escolhas fazendo conexões entre as temáticas. O propósito era que obtivessem como produto um pensamento transdisciplinar, que os incentivaria a fazer referências e analogias entre as temáticas abordadas. PA78/exc59 assim justificou sua escolha pelo território *Conexões*:

> foi pelo motivo de no meu trabalho de sala de aula, estar procurando articular conteúdos encaminhados nas aulas de arte com conhecimentos de outras disciplinas.

PA82/exc60, por sua vez, assim se justificou:

> Minha escolha por este território se deve ao fato de, muitas vezes trabalhar de forma integrada diferentes conteúdos, possibilitando construções significativas para o aluno.

Essa atividade de estabelecer relações entre os territórios foi uma forma de evidenciar a linha de pensamento do professor, incentivando-o a refletir sobre como realizava as conexões, quais eram seus pontos de vista, o que ele identificou como elo, fazendo com que os elementos tivessem significado em conjunto. Isso tudo para que exercitasse seu pensamento de forma transdisciplinar.

A "transdisciplinaridade considera uma realidade multidimensional, sem que nenhuma dimensão tenha prioridade sobre a outra, com estruturas de múltiplos níveis" (Santos, 2003, p. 110). No âmbito escolar, ela pode apresentar-se não somente entre diferentes disciplinas (Matemática, Português, Geografia etc.), mas também no interior de uma área temática específica, como a Arte, em que se pode trabalhar com distintas linguagens artísticas e técnicas de trabalho convergentes. "Desta forma, ao falarmos em prática transdisciplinar para ação educativa no campo das artes falamos igualmente de uma ação de integração, transformação e transubstanciação" (Rosenthal, 2012, p. 514).

Sobre essas reflexões, PA22/exc61 faz considerações relevantes:

> pensando em uma educação transdisciplinar, penso que trata-se, portanto, de uma valorização da experiência sensível, daquilo que é vivido individualmente, em que não se enquadram conceitos puros, rígidos. Em que o conceito expressa um acontecimento, e não uma essência. Ele reflete multiplicidades criadas a partir da experiência, e não uma verdade única. E devem ser os conceitos utilizados como ferramenta de reflexão, quebra com processos rígidos de significação. Os conceitos são apenas criações que servem como ferramentas para a construção de outros conceitos. Eles são dinâmicos, flexíveis, podem ser rompidos e ressignificados.

A prática é que possibilita a vivência da transdisciplinaridade, razão por que os cursistas tiveram de realizar uma atividade que incluiu a reflexão sobre o exercício propriamente dito. Com isso, puderam pensar sobre suas práticas e observar como foi conduzida a ação, além de trocar ideias com seus colegas.

A transdisciplinaridade requer reforma do pensamento, pois pensar de forma transdisciplinar vai além da dualidade entre sim e não, considerando outras possibilidades, exigindo uma visão mais global. Com isso, o curso evidenciou a necessidade da mediação docente. PA63/exc62 comenta sobre esse assunto:

> sua ação não deve se reduzir à transmissão de informações e conhecimentos, mas deve ser ativa na construção de tramas que articulam conteúdos, mundo, vida, experiências (suas e dos alunos) num mundo significante: é nesse sentido que o professor é mediador.

Credita-se a isso também um caráter transdisciplinar. Menezes e Vaccari (2005, p. 55) expressam qual é incumbência do professor segundo Morin:

> cabe ao professor a tarefa de se auto-educar na construção do saber transdisciplinar, buscando construir um espírito reflexivo, em que é preciso compreender que a disciplinaridade é importante, mas insuficiente para a compreensão do próprio objeto, quiçá de uma realidade mais complexa.

Nesse sentido, o professor não pode ficar indiferente à importância da transdisciplinaridade para melhor atender à complexificação existente na construção do conhecimento. Sobre isso, afirma Rosenthal (2012, p. 513):

> Uma formação transdisciplinar exige, entretanto uma maior ênfase na questão criadora. O processo criador em si já se configura como uma profunda experiência da transdisciplinaridade. Para a criação de uma obra é necessária uma coleta interior de dados que não estão unidos *a priori*.

Um dos caminhos é buscar na transdisciplinaridade um alicerce para o entendimento do **conhecimento do conhecimento**, remetendo-se a estratégias de ação docentes embasadas na complexidade do ensinar e aprender, pois as realidades vivenciadas não são fragmentadas, mas sim interligadas.

5.1.7 Afetividade

Quando se faz referência à *afetividade,* é necessário ter-se em mente que ela acontece fundamentalmente na relação com o outro, ou seja, ela é produto das relações entre os sujeitos e também destes com o contexto social. Sobre isso, Morin (2000, p. 58) assinala que

> O homem da racionalidade é também o da afetividade, do mito e do delírio (*demens*). O homem do trabalho é também o homem do jogo (*ludens*). O homem empírico é também o homem do imaginário (*imaginarius*). O homem da economia é também o do consumismo (*consumans*). O homem prosaico é também o da poesia, isto é, do fervor, da participação, do amor, do êxtase. O amor é poesia. Um amor nascente inunda o mundo de poesia, um amor duradouro irriga de poesia a vida cotidiana, o fim de um amor devolve-nos à prosa.

Não se pode dissociar a afetividade do professor, pois ele é sujeito que se relaciona com outros sujeitos em sala de aula. "A questão da afetividade em sala de aula torna-se um dos principais fatores determinantes da qualidade dos vínculos que se estabelecerão entre os sujeitos-sujeitos e entre os sujeitos e os objetos do conhecimento" (Magalhães, 2011, p. 4).

Quando o professor se dispõe a ser mediador para a construção do conhecimento, ele revela uma intenção em sua maneira de agir, e a repercussão dessa postura nos alunos influencia diretamente as possibilidades de aprendizagens. De acordo com Morin (2000, p. 20), "o desenvolvimento da inteligência é inseparável do mundo da afetividade, isto é, da curiosidade, da paixão, que, por sua vez, são a mola da pesquisa filosófica ou científica".

Assim como na categoria *subjetivação*, tratada anteriormente, foi desenvolvida no curso a atividade das coleções, com base em uma composição sonora e visual para aprofundar o aspecto da afetividade, pois essa coleção, mesmo sendo produzida naquela ocasião, remeteria a uma memória afetiva. Os cursistas elogiavam as produções dos colegas, como segue nas declarações de PA75/exc63 e PA26/exc64, respectivamente:

> Prof., parabéns pela imagem criada, é muito criativa mesmo! Perfeita para a lenda escolhida!

> As imagens dizem tudo! Parabéns, colega, pelo trabalho.

Quanto maiores o incentivo e o retorno sobre a ação realizada, maior a motivação para dar continuidade aos trabalhos e observar outras formas de realizá-lo. A isso chamou-se *reconhecimento*. Como afirma Huertas (2001, p. 245, tradução nossa), "o elogio dado por uma figura relevante tem um alto poder de reforço"; assim elogios feitos pelos pares do curso funcionavam como forma de reconhecimento do trabalho feito.

Outra atividade proposta relacionada à categoria analisada nesta seção foi a produção de imagem no território *Processo criativo,* pois a afetividade está relacionada com o ato de criação. Um dos professores aprendizes (PA45/exc65) confessou ter ficado com "ciúmes" da produção de um dos seus colegas:

> Ficou muito interessante a sua imagem. Desenhar e pintar em qualquer *software* exige bastante dedicação. Na verdade fiquei com ciúmes do teu trabalho, acaba sempre trabalhando com os filtros, porque é bem menos complicado.

Os sentimentos afloram tanto nos autores da produção quanto em seus expectadores. Esse relato demonstra a apreciação de um trabalho, mas, ao mesmo tempo, um demérito pessoal, por não saber utilizar uma ferramenta tão bem quanto o colega, de acordo com sua própria avaliação. Esse momento pode servir como ponto de observação pessoal, de reflexão sobre elementos afetivos e para o desenvolvimento da resiliência, de uma tomada de consciência de que todos são seres únicos e que uns podem ter mais habilidades que outros. Nesse caso, é interessante o educador estabelecer estratégias para melhorar seu rendimento.

Essas atividades foram planejadas com o intuito de que o professor se permitisse sentir e se percebesse como ser dotado de sentimentos. A partir delas, muitos participantes encontraram pontos em comum. Uma das professoras formadoras (PF1/exc66) comentou:

> temos mais em comum do que possas imaginar, me identifiquei com a coleção de canecas.

Quando se encontram elementos, concepções em comum com outra pessoa, torna-se mais acessível o compartilhamento de experiências e ideias, dinâmica que aconteceu no momento em que essas aproximações ocorriam. Os professores trocavam dicas e, assim, surgiu entre eles o interesse em realizar trabalhos em conjunto; e, embora os participantes fossem de localidades diferentes, a parceria no ambiente virtual permitiu essas colaborações.

Devemos ressaltar que os professores formadores expressavam seu incentivo para que o cursista continuasse com sua participação e manifestações, como ilustra o seguinte comentário de PF1/exc67:

> Posso sentir pelas tuas palavras o teu entusiasmo em ser professor e como és orgulhosa dos teus alunos.

Igualmente cabe registrarmos que o inverso também é verdade, pois, quando o aprendiz dirige palavras de apoio, incentiva o professor a se empenhar mais em suas atividades. PA45/exc68, por exemplo, manifestou seu contentamento com o curso:

> Prazer em estar aqui com você! Amo isto! Obrigada pela oportunidade de estar com este grupo e com esta proposta significante para nós, professores de Arte.

PA34/exc69 agradeceu as palavras de motivação recebidas:

> Agradeço à minha tutora em especial pelo incentivo, principalmente por seu comentário na última atividade.

Por se tratar de um curso a distância, as relações interpessoais ocorreram pela escrita; posto que não houve o contato físico, o famoso "olho no olho", muitos sentiram falta disso. Em virtude dessa carência, os professores formadores procuraram fazer que os alunos se sentissem próximos, tanto dos professores quanto dos colegas. Uma estratégia foi solicitar aos cursistas que expusessem seus posicionamentos e impressões na atividade que estavam realizando. PA45/exc70 comentou:

> é muito bom conhecermos um pouco de pessoas que conhecemos só a distância... com este vídeo deu para ver um pouco da sua essência, seus gostos e paixões. Belíssimo vídeo! Essa aproximação foi de extrema importância, pois o Avea precisa privilegiar o sentimento de pertencimento necessário a um contexto cooperativo e colaborativo e deve privilegiar um efetivo conhecimento das pessoas, que resulte em desenvolvimento de afinidades, o que atenuará dificuldades inerentes à aprendizagem na modalidade a distância. (Sihler; Ferreira, 2011, p. 4)

Essas dificuldades mencionadas estão relacionadas à desistência do curso, à falta de comprometimento e à falta de dedicação na entrega dos trabalhos.

A convivência entre educadores de Arte dos três estados brasileiros da Região Sul permitiu que se construísse uma rede de relações. Antes do curso, muitos professores aprendizes se sentiam sozinhos, como relata PA19 – ela era a única professora de Arte na escola em que trabalhava e de todo o município em que residia. PA26/exc71 relata a importância dessas trocas:

> Só tenho a agradecer a oportunidade do curso e das trocas aqui efetuadas. Num momento em que o trabalho vai se tornando difícil com o tipo de clientela que temos, novas ideias nos animam.

Outro ponto importante sobre a *afetividade* é que esta evidencia-se na produção dos alunos em sala de aula, o que pode ser visto claramente na disciplina de Artes, pois é a oportunidade que os estudantes têm de se expressar e trazer seus sentimentos à tona. "O arte-educador emana uma visão global, de integralidade, de dimensão poética. A relação ascética trivial do professor para com o aluno não exclui a comunhão emotiva, pois por tratar-se de uma relação educacional, necessariamente é uma relação de confiança" (Neves, 2009, p. 112). Quando está presente em sala de aula, a afetividade faz os laços se estreitarem, permitindo maior cumplicidade entre educador e educando. A afetividade é, portanto, fator fundamental no processo de ensino e de aprendizagem.

A realização do curso de formação continuada teve como objetivo promover ações em que as características do ser complexo fossem evidenciadas. Essa escolha, com vistas a uma tentativa de formação integral, segundo Magalhães (2011, p. 2), implica

> propiciar condições para que os sujeitos possam desenvolver a razão, a afetividade, a intuição, a imaginação, a sensibilidade e o corpo do educando. Isso significa entender que o intelecto e o espírito estão interligados, razão e emoção entrelaçadas; corpo, mente e espírito em comunhão, num movimento transdisciplinar.

A autora ainda acrescenta:

> O sujeito complexo é aquele que "transrelaciona" afetividade e sensibilidade, o que agencia a compressão de seu estado de pertencimento planetário ou ecossensibilidade. Na sala de aula, este professor(a) tende a mobilizar um aprendizado complicado, com base numa ação viva, tecida de modo teórico e vivencial. (Magalhães, 2011, p. 10-11)

Assim se evidencia a valorização da afetividade nas relações entre professores e alunos.

5.1.8 Cooperação

Cooperação, neste estudo, é entendida como a disposição de um grupo de pessoas que trabalham por algo comum.

Para que o ensino e a aprendizagem caminhem no sentido da complexidade, é preciso que se desenvolvam os ideais da cooperação. Morin (2003c) lembra que o vocábulo latino *complexus* significa "o que tece em conjunto". A cooperação é própria da complexidade. Segundo Piaget (1973, p. 105): "cooperar na ação é operar em comum, isto é, ajustar, por meio de novas operações (qualitativas ou métricas) de correspondência, reciprocidade ou complementaridade, as ações executadas por cada um dos parceiros".

A característica ora em foco foi incentivada como estratégia presente e futura, de modo que os professores formassem uma rede de cooperação em que pudessem fazer trocas de experiências sobre os mais variados temas concernentes ao ensino da Arte. As palavras de PA47/exc72 sintetizam bem a ideia pretendida:

> Podemos trocar algumas ideias.

PA58/exc73 comenta sobre as possibilidades de contatos com profissionais da mesma área:

> As minhas expectativas são as melhores possíveis, este curso online está proporcionando um contato com pessoas da área de artes das mais diversas cidades do Sul, é uma ótima oportunidade de conhecermos trabalhos desenvolvidos em arte e de troca de experiências, assim como o auxílio das mediadoras do curso.

A constituição de redes de relações – mencionadas na categoria anterior – enriquece o trabalho docente, como destacado por PA63/exc74 e PA19/exc75, respectivamente:

> Como é bom falar disso! Quando a gente é sozinha na área, numa escola técnica, não se tem com quem falar, eu até tento, mas o envolvimento é para poucos, e as desculpas são as mais esfarrapadas possíveis.

> A troca com os outros arte-educadores também é maravilhosa, pois cada um tem olhares diferentes conforme sua realidade.

Como mencionamos anteriormente, muitos dos cursistas eram os únicos professores de Arte das escolas em que exerciam suas funções e, em razão de muitas atividades relacionadas ao ensino e à quantidade de alunos, a organização de um espaço de trocas entre profissionais torna-se difícil, pelo menos presencialmente. O ambiente em EaD proporcionou um espaço de cooperação e trocas, pois profissionais podiam falar sobre suas atuações, enviar suas dúvidas e seus anseios e ouvir sugestões e opiniões de pessoas com conhecimento de causa.

A EaD é uma das possibilidades para a troca entre profissionais de todas as partes do mundo, pois ela estreita relações e encurta distâncias. Evidência disso é o depoimento de PA58/exc76:

> Estou adorando esta oportunidade de contato e conhecimento do trabalho de outros profissionais não só de Santa Catarina mas de outros estados. Este modo de ensino a distância é novo para mim mas estou aproveitando muito, adorando!

A isso se denomina *diálogo,* um dos princípios para se pensar complexamente (Morin, 2003c). É de grande importância o diálogo entre os pares, tanto para trocas de materiais, atividades e ideias quanto para a realização de um trabalho em conjunto, mesmo sendo a mediação a distância. Do ponto de vista de PA06/exc77, esses laços já começaram a se estabelecer durante o curso:

> Gostei do grafite *creator*, valeu a dica. Também estou trabalhando com grafite, podemos trocar figurinhas.

PA26/exc78 destaca a importância de uma informação explicitada por uma colega de outro estado:

> As informações que citastes foram riquíssimas para mim, que sou gaúcha, estou fora do estado há algum tempo e desconhecia o Museu do Percurso Negro. Muito me interessa, pois trabalhar africanidades é um assunto que me apaixona e desde 2005 venho estudando um pouquinho sobre o assunto.

Quanto mais os cursistas se aproximavam uns dos outros, mais possibilidades de trocas eram possibilitadas, tanto que muitos começaram a trocar contatos pessoais para continuarem a se falar mesmo após o término do curso.

Compreendemos que a cooperação envolve reciprocidade, ou seja, não é um trabalho individual, bem como liberdade, respeito e autonomia. Afinal cooperar "requer interação, colaboração, postura de tolerância, convivência com as diferenças, negociações constantes e relações de respeito mútuo, e não hierárquicas, entre os sujeitos que cooperam" (Rodrigues; Laurino, 2004, p. 6).

Diante disso, fez-se *mister* pensar as próprias relações que os cursistas têm dentro das escolas em que atuam:

> Sinto que nas escolas precisamos conversar mais com os colegas e pensar em ações. (PA19/exc79)

Cabe destacar a participação de PA11, que relatou que muitos de seus colegas de escola não estão abertos à cooperação, e sim voltados para a competitividade ou para a apropriação das ideias dos outros.

Um destaque positivo nos relatos de experiência foi a parceria que PA52/exc80 fez com um professor de História:

> todos os anos ela organiza uma visita dos alunos ao Centro Histórico de Porto Alegre, a escola divide com os alunos as despesas do ônibus, o outro professor de área vai junto e também colabora com o roteiro e sempre dá certo.

Esse exemplo mostra a possibilidade de professores de áreas de conhecimento distintas trabalharem em conjunto.

Isso tende a ser significativo aos alunos, porque estes começam a perceber que os conteúdos que aprendem em distintas disciplinas podem estar relacionados entre si; e essas conexões podem auxiliá-los nos processo de aprendizagem.

Nos processos de ensino e de aprendizagem, a cooperação também acontece entre professores e alunos. Um dos cursistas (PA28/exc81) faz uma analogia ao trabalho de uma equipe de arqueologia:

> O caminho do professor de Artes é justamente o de um arqueólogo que vai escavando as possibilidades e potencialidade das obras/objetos artísticos juntamente com seus alunos.

As possibilidades de cooperação e o surgimento de redes de relações mais estreitas entre profissionais da mesma área, no caso desta obra, entre professores de Arte, tende a enriquecer os trabalhos que eles desenvolvem e, também, promover a vista de novos horizontes e possibilidades de trabalho ainda não idealizadas.

5.1.9 Flexibilidade

A flexibilidade, vista por Morin (1998) como um dos princípios da organização da vida, está próxima ao conceito de *resiliência* quando se identifica alguma situação imprevista diante da qual se deve buscar alguma solução para dar andamento ao que foi proposto. O ato primeiro, ou ímpeto, é reagir (resiliência), e o segundo, de agir, ou seja, tornar-se flexível à ação primeira. A flexibilidade surge como estratégia para lidar com mudanças, as quais estão imbricadas em imprevisibilidades emergentes às quais todos estão expostos.

O próprio ambiente do universo da EaD está envolto pelo valor da flexibilidade quanto ao tempo e ao espaço. A modalidade a distância possibilita que o aluno, apesar da distância, possa participar de um curso dispondo somente de um computador com alguns requisitos mínimos e de conexão com a internet. Obviamente, isso irá depender apenas do que cada curso propõe, da possibilidade de o estudante ver os materiais e interagir com eles, do acesso à internet de que dispõe e de sua capacidade de conciliar seus momentos de estudo com sua rotina diária.

Existe também a flexibilidade cognitiva, que vem a ser a "capacidade de reestruturar o próprio conhecimento para responder às necessidades dessas situações, tanto em função da forma como se representa o conhecimento, como dos processos que operam nas operações mentais realizadas" (Rezende; Cola, 2004, p. 2). Evidencia-se isso no texto de PA45/exc82, que utilizou outros recursos, além dos propostos, pois já tinha conhecimento prévio para realização de uma atividade:

> Para representar a obra, utilizei duas imagens, centauro e jardim, onde trabalhei no Gimp, modificando algumas cores. Resolvi a questão de transparência no Corel Draw na segunda imagem, jardim, e depois fiz a junção de ambas.

PA63/exc13 também fez menção a isso. Essa flexibilidade está relacionada igualmente à resiliência, pois está aliada à resolução de adversidades.

O computador, de acordo com a pesquisa realizadas por Rezende e Cola (2004, p. 4), possibilita a flexibilidade:

> Por sua característica de prover flexibilidade em termos de associar diferentes meios e informações, o computador foi considerado idealmente adequado para fomentar a flexibilidade cognitiva. Em particular, sistemas de hipertexto, não lineares e multidimensionais [...] têm o potencial para lidar com aspectos da estruturação irregular dos domínios de conhecimento e promover aspectos da flexibilidade cognitiva".

Percebemos, então, que o destaque é dado ao **hipertexto**, por ele permitir conexões, por meio de termos, para outros textos que aprofundam a temática ou a apresentam por outro viés. Isso permite compreender que existem outras conexões que podem ser estabelecidas, além das inicias.

Ao refletir sobre o ato de ensinar, quando prevê a utilização de um dado material para a realização de uma atividade e não tem acesso a ele, o professor precisa pensar em uma alternativa que atenda à demanda. Essa iniciativa envolve a flexibilidade, pois o docente terá de seguir outro caminho. Em uma das atividades do curso, foi proposta a utilização de um *software* de edição de áudio. No fórum relativo à discussão e entrega da atividade, uma das alunas, PA32, solicitou outra indicação de *software*, já que estava tendo dificuldades para fazer o *download* daquele que havia sido sugerido. Outra cursista, PA58/exc83, comentou como lidava com a situação de estudar sobre a arte local de seu município, carente de um museu:

> Mesmo não tendo museus de arte, exposições frequentes, temos que lembrar e visualizar o patrimônio de nossa cidade, as tradições, o artesanato, as festividades, as construções, ou seja, toda essa arte patrimonial que simboliza e conta a história de cada lugar.

O professor enfrenta, assim, situações em que deve ser flexível em sua atuação em sala de aula. Exemplo disso é a possibilidade de planejar uma atividade no laboratório de informática e, chegando lá, descobrir que não pode utilizar as instalações por algum motivo. Nessa situação, é necessário que o educador pense em uma alternativa. Essa iniciativa de descobrir outras possiblidades de execução de determinada tarefa era proposta aos cursistas.

A flexibilidade também se relaciona à variação da forma de lecionar. Essa mudança faz com que o educador lance para si um desafio, renove-se e insira criatividade nos processos de ensino. Essa postura se evidencia quando o professor considera os conhecimentos prévios de seus alunos. Um dos professores aprendizes (PA01/exc84) deu a seguinte opinião:

> é importante conhecer a bagagem cultural do aluno e a partir daí estabelecer conexões, buscando a construção de conhecimento. Saber ler o mundo, compreender a realidade para poder transformá-la.

Uma das professoras formadoras do curso (PF3/exc85;86) fez, em dois momentos, relatos sobre o fazer docente:

> Quem tem experiência em sala de aula sabe que uma aula ótima para um grupo pode ser ruim para outro. É preciso cartografar o que para aquela turma é potente.

> Mas podemos traçar caminhos – o planejamento de ser minucioso e preciso – o que deve prevalecer é a flexibilidade para as mudanças conforme o que vier e aparecer.

Masetto (2003, p. 148-149) ressalta a importância de se observar a diversidade de ritmos de aprendizagens em sala de aula, bem como a flexibilidade:

> Embora na teoria saibam que as pessoas são diferentes, não são homogêneas, que os ritmos de aprendizagem variam de indivíduo para indivíduo e até mesmo no próprio indivíduo, dependendo de uma série de circunstâncias, no entanto agem de forma contraditória ao elaborar um plano para todo o grupo, sem flexibilidade para ritmos diferentes entre os alunos, para situações de erro, para dificuldades maiores na consecução dos objetivos.

Um dos depoimentos dos participantes (PA13/exc87) evidencia tais dizeres:

> As crianças realizam atividades especialmente pensadas para elas, o que ressalta a ideia de que cada

> público é distinto, então existe a necessidade de elaborar visitas considerando a faixa etária do público.

Nesse caso, a flexibilidade é uma característica desejável, é imanente ao fazer docente, uma vez que

> o planejamento de uma disciplina não pode ser considerado uma camisa de força, que retira a liberdade de ação do professor. Ao contrário, um planejamento traz consigo a característica da flexibilidade. Qualquer plano para ser eficiente precisa ser flexível e adaptável a situações novas e imprevistas. (Masetto, 2003, p. 176)

Assim sendo, o professor complexo é aquele disposto a vivenciar situações de imprevistos e mudanças, que podem ser geradas tanto por uma intervenção de um aluno quanto por uma curiosidade ou questionamento, ou, ainda, pela indisponibilidade de algum material que ele perceba como importante para sua aula. O docente precisa, para isso, ter claro em sua mente os conteúdos relacionados à disciplina de modo que possa elencar alternativas viáveis e condizentes com suas intenções de ensino.

5.2 Considerações sobre o curso

O curso a distância analisado nesta obra permitiu que professores de outros estados e cidades, que teriam dificuldade de acesso a pontos presenciais, como a UFRGS – *Campus* Centro (Porto Alegre/RS) –, por exemplo, conseguissem participar do projeto e, por fim, criar uma rede de relações.

Em conversa com os professores formadores do curso, foram-nos relatadas algumas dificuldades encontradas em sua realização:

- **Formação em Artes** – Muitos dos professores participantes (39%) não eram formados em Artes, motivo pelo qual alguns conceitos tiveram de ser mais trabalhados, a exemplo de uma atividade em que lhes era solicitada a criação de um glossário, formado por tipos de linguagens artísticas que deveriam ser inseridas por cada um dos participantes. Vários integrantes tiveram dificuldades em fazê-lo.

- **Dedicação ao curso** – Muitos dos participantes tinham uma carga horária de trabalho desgastante, problema que os fez entregar tarefas com atraso, mesmo tendo sido previstas duas semanas para recuperação de tarefas pendentes.

- **Atuação em sala de aula** – Alguns participantes não estavam atuando em sala de aula. Isso gerou dificuldades na ralização de atividades previstas com a participação dos alunos, o que acarretou atrasos.

- **Acesso aos DVDs** – Alguns participantes não tinham acesso às mídias indicadas e mesmo assim inscreveram-se no curso, apesar de constar na ficha de inscrição a obrigatoriedade do acesso ao material para o desenvolvimento das atividades. Alguns professores foram orientados a procurar os polos do Arte na Escola que despusessem de DVDteca.

- **Atividades propostas** – Alguns integrantes entregavam as atividades sem um aprofundamento solicitado ou esperado. No caso desses cursistas, foi solicitada a reelaboração das atividades. Essa medida os incentivou a repensar a escrita dos enunciados das atividades.

Em contrapartida, houve muitos espaços de criação e de deslumbramento por parte dos participantes, o que enriqueceu o trabalho. A avaliação do curso foi positiva pela maioria dos cursistas: 72% manifestaram grau ótimo de satisfação com o curso.

Como um dos objetivos do curso era inscrever na formação do professor o uso de tecnologias digitais (celular, computador, câmera digital, filmadora, internet, televisão, vídeo etc.) como recurso pedagógico no processo de ensino e aprendizagem, questionamos como eles perceberam a utilização de tais ferramentas em suas práticas. A maioria dos respondentes afirmou ser muito aprazível: 60% marcaram a opção *ótimo*.

Após o curso, alguns professores se inscreveram no concurso "XIII Prêmio Arte na Escola Cidadã 2012", promovido pelo Instituto Arte na Escola. Isso foi feito a partir do trabalho final solicitado: a criação e a aplicação de um projeto com base em um dos DVDs disponíveis na DVDteca e não trabalhado nos territórios (atividade proposta no território *Zarpando*). Dos professores inscritos, cinco foram pré-selecionados para concorrer entre os projetos finalistas.

Considerações finais

Quando se atua na formação continuada de professores, a mudança almejada, por si só, já é um processo complexo, pois a intenção é criar novos métodos, incorporados em fazeres docentes, fundamentados numa cultura profissional que se baseie na interpretação da realidade do educador (Imbernón, 2009).

Mudanças requerem mudanças. Considerando-se a sociedade contemporânea e a constante e acelerada transformação das ciências tecnológicas, a educação básica é chamada a reavaliar seu projeto político-pedagógico, contemplando o aluno *Homo zappiens*. Embora o foco geral seja o professor em formação continuada, os sujeitos deste estudo são docentes da área de Artes.

Ao se pensar a educação, o paradigma da complexidade permite a inovação e nela investe, bem como na (re)organização de conteúdos e metodologias. Nesse contexto, Morin (2000) destaca que o professor se obriga a transitar por um ensino das certezas e das incertezas diante do inesperado e do incerto. Imbernón (2009, p. 93), ao refletir sobre a complexidade, diz que "entender o mundo a partir da complexidade significa compreender as relações entre os diversos fenômenos e, por sua vez, entender cada elemento em si mesmo".

O intuito da formação do professor, em uma visão complexa, não é a buscar respostas, mas preparar esse profissional para enfrentar novos desafios. Observamos, na teoria de Morin (2003a), que o pensamento simples resolve apenas problemas simples, e que o pensamento complexo não resolve, em si, os problemas, mas auxilia na elaboração de uma estratégia que possa resolvê-los. Reside justamente aí a riqueza do projeto proposto, uma vez que se buscou entender se as ações efetivadas no ambiente virtual levaram esse ser-professor a desenvolver as características que criam as possibilidades dialógicas da complexidade.

> A ação supõe a complexidade, isto é, acaso, imprevisto, iniciativa, decisão, consciência das derivas e transformações [...]. Não há de um lado um campo da complexidade, que seria o do pensamento, da reflexão, e de outro o campo das coisas

simples, que seria o da ação. A ação é o reino concreto e às vezes vital da complexidade. (Morin, 2003c, p. 81)

Tendo por base as ações para a elaboração, o andamento e a finalização do curso no ambiente virtual de ensino e de aprendizagem (Avea), podemos afirmar que a complexidade permeou todos esses processos. Quando do planejamento, as propostas foram pautadas nas características da complexidade, e os demais encaminhamentos foram realizados nessas balizas. Os imprevistos, os aclames oriundos das manifestações dos cursistas eram recepcionados como possibilidade de transformação, e não encarados como um obstáculo.

No fazer docente (ações), a complexidade está no ensino e nas aprendizagens do professor (de Arte, neste projeto). Como sugere-se que as características da complexidade sejam incorporadas na formação inicial e na formação continuada do professor, o que se pretendeu, por meio de um curso de atualização a distância, foi permitir que esses fazeres permeassem as ações dos professores participantes dentro da sala de aula.

> É necessário que a formação transite para uma abordagem mais transdisciplinar, que facilite a capacidade de refletir sobre o que uma pessoa faz, por isso permite fazer surgir o que se acredita e se pensa, que dote o professor de instrumentos ideológicos e intelectuais para compreender e interpretar a complexidade na qual vive e que o envolve. (Imbernón, 2009, p. 97)

Ao desenvolver um curso de formação continuada para professores de Arte que se encontravam em atuação, garantiu-se a presença de elementos da complexidade conforme a visão transdisciplinar de Imbernón (2009). O foco de estudo foram os conteúdos existentes nos DVDs Arte na Escola e a utilização de tecnologias digitais voltadas ao ensino. O objetivo foi promover um espaço de reflexão, formação e inovação para o professor aprendiz.

A pesquisa-ação, metodologia adotada, mostrou-se muito enriquecedora, pois nela o pesquisador participa de todo o processo de observação e coleta de dados. Essa dinâmica possibilitou uma visão mais ampla e contextualizada sobre os participantes e as interações entre estes e as atividades propostas no curso.

O tema *complexidade* em si não foi alvo da pesquisa, tampouco suas variantes. Os professores demonstraram, mesmo não tendo total ciência sobre em que consiste a teoria da complexidade (Morin), que suas atitudes e decisões, permitidas pela arquitetura pedagógica do curso, apresentassem características do sujeito complexo inerente à contemporaneidade, evidenciando que sua relação com a educação a distância (EaD) e os ambientes virtuais é adequada.

Vale destacarmos alguns resultados quantitativos observados: num universo de 83 professores matriculados, houve apenas 7% de evasão – o Censo EaD Brasil (2010, citado por Maissiat; Biazus; Bercht, 2012) indica 29% de desistência em média para cursos de extensão e que 39% dos professores de Arte não são formados na disciplina que lecionam – para estes o curso proporcionou, além de atualização, formação com ênfase em recursos digitais e arte contemporânea (Maissiat; Biazus; Bercht, 2012).

O curso viabilizou a produção de trabalhos interdisciplinares. Foram observados aspectos da complexidade e sua possível emergência em sujeitos e suas ações – como metacognição, resiliência, autonomia, cooperação, transdisciplinaridade, criatividade, afetividade, subjetivação e flexibilidade –, trabalhadas durante a realização do curso. Isso ocorreu mesmo não sendo indicadas bibliografias e atividades específicas, o que ficou evidenciado nas falas dos cursistas.

A produção de informação se encontra em escala crescente, e o professor precisa observar tanto a procedência quanto a qualidade dessa informação. O quesito necessário para essa avaliação é a **metacognição** – a compreensão de como se aprende. Essa característica, além de fazer do professor um profissional com disposição para aprender, o faz vislumbrar isso em seus alunos, observando o modo como cada um aprende e criando estratégias de ensino apropriadas a eles. Em um campo de constante atualização como o da arte, essa sagacidade é importante. O curso analisado nesta obra veiculou conteúdos atuais para o professor de Arte e propôs uma reflexão sobre seus modos de agir, o que no curso foi nomeado como *modos de aprender*. Com base nessas considerações, pode-se afirmar que a complexidade permeia o ensino e a aprendizagem do professor de Arte mediante características do sujeito complexo.

Uma certeza é que a incerteza existe. Diante das mudanças que acontecem, os educadores devem estar dispostos a enfrentar novos desafios. Essa capacidade de reagir contra adversidades foi nomeada de *resiliência*. É por meio dela que o professor consegue criar estratégias para imprevistos que surgem no decorrer de sua aula, por exemplo, apresentar um artista já apresentado em outra disciplina para os alunos. O professor não precisa introduzir todo o assunto novamente, até porque pode fazer com que os alunos se desinteressem; melhor seria o educador investigar o que foi visto até aquele momento. Os professores do curso mostraram-se resilientes em momentos em que não havia materiais suficientes para realizar a atividade do território escolhido, imprevisto que os incentivou a pensar em outras possibilidades em vez de cogitarem simplesmente trocar de território.

A **flexibilidade** está diretamente ligada ao agir, ela é consequência da resiliência, pois, no momento em que se pensa em outras formas de atuar diante uma situação, a flexibilidade de pensamentos é necessária, o que tende a influenciar a ação. Cabe destacar que a flexibilidade não necessariamente é antecedida pela resiliência. Sugere-se que o professor leve em consideração todos os elementos presentes no contexto escolar para sua atuação, ou seja, a cada turma em que atuar, o educador deve estar apto a assumir uma postura distinta. O que pode ocorrer é que as turmas não caminhem juntas em termos de conteúdo, mas isso não significa que uma aprendeu mais do que a outra. Essa característica foi trabalhada no curso na utilização do ambiente em EaD, que é flexível quanto ao tempo e ao espaço. A flexibilidade esteve presente desde o momento da inscrição, já que muitos tinham uma pesada carga horária de trabalho, ultrapassando as 40h/aula semanais, até os momentos em que os participantes tinham de pensar em outros meios de realizar certa tarefa.

A **afetividade** está presente no momento em que ocorre a apreciação de um trabalho desenvolvido tanto *pelo* quanto *para* o professor. Quando um projeto é estruturado e é demonstrado interesse pelo que foi exposto, reforça-se a motivação, que é intrínseca. É importante que o professor sinta que faz parte de um grupo e que acredite que pode desenvolver um bom trabalho. O docente, ao demonstrar isso para seus alunos, mostra que se preocupa. A crítica construtiva também colabora, e isso demonstra como há interesse em que o trabalho realizado seja o mais próximo do esperado. A afetividade faz o docente se sentir inteiro, e isso pôde ser evidenciado no curso quando respostas foram dadas aos incentivos dados, fosse pelos colegas, fosse pelos professores formadores. Graças a essa postura por parte dos professores, o empenho no desenvolvimento das atividades era visível.

Principalmente quando se fala em *arte*, os processos de **subjetivação** são cruciais para o estudo e a criação. Compreender o porquê de determinado trabalho e conhecer aspectos do artista pesquisado faz toda a diferença no momento da aprendizagem. É importante o professor perceber-se subjetivo, bem como enxergar essa característica em seus alunos, o que fará com que perceba que o olhar de todos é único. Precisa-se educar o olhar, compreender o que é observado, como uma criação é realizada e com qual intenção. No curso ministrado, isso se evidenciou quando os professores mostraram-se subjetivos – por exemplo, ao terem de justificar a escolha do território em que iriam trabalhar. Todos são dotados de subjetivação e é preciso respeitar esse fato.

A **autonomia** do docente está relacionada a distintos fatores, como conhecimento e currículo. *Conhecimento* porque, à medida que o professor conhece profundamente a área sobre a qual leciona, tem a liberdade de fazer concessões, alterações e proposições novas de acordo com o que pretende, conseguindo fazer, portanto, o trânsito entre saberes. Já o *currículo*, diz respeito à instituição escolar. O que temos é um currículo que se mostra fragmentado, em que certos itens precisam ser trabalhados em dado tempo. Um professor autônomo, diante de tal realidade, ao observar as características dos alunos com os quais trabalha, pode optar por adiar ou antecipar certo saber. A liberdade de escolha é importante, bem como a responsabilidade pelas consequências da escolha feita. No curso de formação, os professores tiveram autonomia para escolher seu percurso dentro dos territórios ofertados: cada um fez o seu trajeto, de acordo com seus motivos, condicionados por sua subjetivação e afetividade.

Quando se fala de *trabalho em equipe,* não se pode deixar de falar em **cooperação**, vinculada à capacidade de se trabalhar em grupo com um objetivo em comum. A equipe pode ser composta por profissionais da mesma área do conhecimento ou não. Uma das intenções do curso proposto, que teve êxito foi a possibilidade de encontro de professores de Arte de diferentes localidades – no caso, os estados da Região Sul do Brasil. Esse encontro virtual permitiu o início de uma rede de cooperação em que os professores poderiam trocar experiências e relatar suas vivências, para refletir sobre suas práticas em sala de aula e outras possibilidades de atuação.

Os momentos de cooperação permitem aos professores pensar em atividades **transdisciplinares** ou planejar um estudo, uma prática em conjunto. Evidenciar a integração entre conhecimentos para os alunos repercute diretamente na aprendizagem dos estudantes, pois os conhecimentos mostram-se integrados e sua aplicabilidade é explicitada. Para tanto, o docente tem de estar aberto a essa possibilidade. Esse tipo de trabalho pode ser realizado em uma mesma área de conhecimento ou abarcar outras área. Tudo depende da proposta, uma vez que, por exemplo, no campo da Arte, pode-se trabalhar com diferentes linguagens artísticas em um mesmo cenário. Aos professores participantes do curso, foram propostas discussões para a reflexão sobre esse tema, bem como para a produção de relatos de experiências que demonstrassem isso.

Os processos de **criação** estão vinculados praticamente a todos os elementos anteriores. Entende-se a criatividade como princípio da mudança. É a partir dela que outros elementos são cogitados e colocados em prática, tudo com base em conhecimentos e experiências pessoais. A criatividade se encontra presente em todo o processo de atuação docente, desde o planejamento até a execução das atividades. Além disso, essa característica está ligada diretamente ao ensino da Arte, porque é uma ferramenta para professores e alunos se expressarem. No curso ministrado, o uso de tecnologias digitais foi escolhido para exercitar essa característica do ser complexo, por meio de atividades de composição visual repassadas aos participantes do projeto. Diante das explicações que levaram a tais criações, mostrou-se o quanto isso é particular e merece consideração e respeito.

É desejável que o professor de Arte permita-se ser inovador, que saiba trabalhar com as adversidades, de modo a ser é capaz de propor mudanças e observar o novo com vistas a múltiplas possibilidades. O professor deve ser gestor de sua própria aprendizagem, em constante busca por conhecimento. Quanto mais o educador vivenciar essa experiência, mais terá oportunidade e desenvoltura para apresentá-la aos seus alunos, fazendo-os ter consciência de que são eternos aprendizes e que contribuirão para um ensino com maior qualidade.

A análise para se chegar às afirmações descritas anteriormente só foi possível por meio dos conceitos investigados por Bakhtin. Foi com base neles que se pôde fazer uma leitura das falas dos professores participantes do curso, que, por meio de seus discursos, demonstraram vivenciar as características da complexidade à medida que eram estimulados pelas propostas de atividades e discussões.

O curso teve êxito em sua proposta de promover uma formação diferenciada, ao articular elementos da inter/

transdisciplinaridade tanto na sua estrutura quanto em seu conteúdo. Seu planejamento permitiu o desenvolvimento da autonomia desses professores aprendizes, bem como a compreensão de seus processos de aprendizagem. Essa é uma aprendizagem para toda a vida, incluindo o conteúdo da ciência, da arte e das tecnologias digitais. O professor, mesmo com consciência de que tem o papel de ensinar, não deixa de estar na posição de aprender.

O docente carece de uma formação permanente ou, ainda, continuada, que inclua não só a atualização de conteúdos de sua área de atuação, mas também a utilização das tecnologias digitais. Imbernón (2009) aponta que a tendência é o desenvolvimento do pensamento complexo estar incluso na formação dos professores.

Diante desse contexto educacional e de arte, em que há a apropriação de tecnologias digitais, foi proposta uma análise sobre o prisma da mediação tecnológica, abarcando o espaço em que a educação (sala de aula) e a arte (ateliê) acontecem. O interesse e os questionamentos dos professores reforçaram a necessidade de cursos de aperfeiçoamento que contemplem essas temáticas e que trabalhem os saberes relacionados à complexidade.

Haverá professores mais complexos à medida que os docentes de Arte puderem se aperfeiçoar, utilizando novas tecnologias de informação e comunicação (TICs) no intento de formar e mediar. Para tal, deve-se promover o estudo e a compreensão da contemporaneidade e de sua complexidade, tanto no que tange à arte quanto ao próprio ser.

O curso possibilitou experimentações e crescimento de todos os envolvidos na pesquisa: participantes e pesquisador. O homem é um ser social, e isso se mostra em todas as instâncias de sua vida. É na interação com o outro que o educador reconhece a si mesmo, identificando-se e estreitando relações. O conhecimento se torna interativo, e sua construção não seria possível sem a existência de outros, pois ele é produto da vida social.

Os professores de Artes Visuais que lecionam nas escolas da educação básica, munidos de conhecimento pedagógico e base técnica no uso de tecnologias digitais, têm como ampliar suas possibilidades de atuação em sala de aula. E a EaD permite interação e mediação entre professores de Arte de maneira síncrona e assíncrona, o que proporciona a troca de experiências e materiais com seus pares e uma consequente formação continuada.

Quanto a trabalhos futuros, o intuito é dar continuidade aos estudos sobre complexidade, bem como àqueles relacionados ao uso das tecnologias digitais no ensino da arte. Também se enseja prosseguir com a oferta do curso de formação continuada de professores, agora em escala nacional, e prever o uso de outras ferramentas, bem como promover discussões sobre a flexibilização curricular na educação básica.

O anseio é que esse propósito possa ser ampliado a professores de outras áreas de conhecimento, promovendo, então, a transdisciplinaridade entre áreas em uma visão complexa.

Referências

ABRAEAD – Anuário Brasileiro Estatístico de Educação Aberta e a Distância. **Um em cada 73 brasileiros estuda a distância.** Disponível em: <http://www.abraead.com.br/noticias.cod=x1.asp>. Acesso em: 26 abr. 2017.

ALVES, M. C.; SEMINOTTI, N. O pequeno grupo e o paradigma da complexidade de Edgar Morin. **Psicologia**, USP, v. 17, n. 2, p. 113-133, 2006. Disponível em: <http://www.scielo.br/pdf/pusp/v17n2/v17n2a06.pdf>. Acesso em: 4 maio 2017.

ALVES-MAZZOTTI, A. J.; GEWANDSZNAJDER, F. **O método nas ciências naturais e sociais**: pesquisa quantitativa e qualitativa. 2. ed. São Paulo: Pioneira, 2000.

AMORIM, J. de A.; MISKULIN, R. G. S. Multimídia para educação e formação de professores em tecnologias digitais. **Revista de Educação PUC-Campinas**, n. 29, p. 223-243, jul./dez. 2010. Disponível em: <http://periodicos.puc-campinas.edu.br/seer/index.php/reveducacao/article/view/56/45>. Acesso em: 4 maio 2017.

ANTÔNIO, S. **Uma nova escuta poética da educação e do conhecimento**: diálogos com Prigogine, Morin e outras vozes. São Paulo: Paulus, 2009.

ARAÚJO, A. L. de O. S.; SANT'ANA, R. M. T. Algumas reflexões sobre a inserção das novas tecnologias nas práticas docentes. **Pesquisas em Discurso Pedagógico**, n. 1, p. 1-15, 2011. Disponível em: <https://www.maxwell.vrac.puc-rio.br/17876/17876.PDFXXvmi=>. Acesso em: 2 maio 2017.

AS FÁBULAS de Antônio Poteiro. Direção: Sara Yakhni. São Paulo: Rede Sesc/Senac de Televisão, 2001. 23'. Disponível em: <http://artenaescola.org.br/midiateca/publicacao/?id=74468>. Acesso em: 16 maio 2017.

ASSMANN, H. **Reencantar a educação**: rumo à sociedade aprendente. 5. ed. Petrópolis: Vozes, 2001.

BAKHTIN, M. **Estética da criação verbal**. 4. ed. São Paulo: M. Fontes, 2003.

_____. _____. 2. ed. São Paulo: M. Fontes, 2000.

_____. **Marxismo e a filosofia da linguagem**. 12. ed. São Paulo: Hucitec, 2006.

BARBIER, R. **A pesquisa-ação**. Tradução de Lucie Didio. Brasília: Líber, 2007.

BARBOSA, A. M. (Org.). Dilemas de arte/educação como mediação cultural em namoro com as tecnologias contemporâneas. In: _____. **Arte/educação contemporânea**: consonâncias internacionais. 3. ed. São Paulo: Cortez, 2010, p. 98-112.

BARBOSA, A. M.; CUNHA, F. P. da (Org.). **Abordagem triangular**: no ensino das artes e culturas visuais. São Paulo: Cortez, 2010.

BERTOLINI, E. A. S.; SILVA, M. A. de M. Metacognição e motivação na aprendizagem: relações e implicações educacionais. **Revista Técnica Ipep**, São Paulo, v. 5, n. 12, p. 51-62, jan./dez. 2005.

BEZERRA, P. Polifonia. In: BRAIT, B. (Org.). **Bakhtin**: conceitos-chave. 4. ed. São Paulo: Contexto, 2010. p. 191-200.

BIAZUS, M. C. V. **Abraham Palatnik**: a arte do tempo. São Paulo: Instituto Arte na Escola, 2005. Disponível em: <http://artenaescola.org.br/uploads/dvdteca/pdf/arq_pdf_10.pdf>. Acesso em: 16 maio 2017.

_____. **Ambientes digitais e processos de criação**: gerando a produção de sentidos. Tese (Doutorado em Informática na Educação) – Universidade Federal do Rio Grande do Sul, Porto Alegre, 2002.

BIAZUS, M. C. V. (Org.). **Projeto Aprendi**: abordagens para uma arte/educação tecnológica. Porto Alegre: Promoarte, 2009.

BIAZUS, M. C. V.; AMADOR, F. S.; OLIVEIRA, A. M. **Arte, educação, tecnologia**: experimentações num campo transdisciplinar. 2007. Disponível em: <http://30reuniao.anped.org.br/grupo_estudos/GE01-3702--Int.pdf>. Acesso em: 4 maio 2017.

BOLETIM ARTE NA ESCOLA. São Paulo: Instituto Arte na Escola, n. 61, abr 2011. Disponível em: <https://artenaescola.org.br/uploads/boletins/boletim-61.pdf>. Acesso em: 16 maio 2017.

BRASIL. Ministério da Educação. Portaria n. 4.059, de 10 de janeiro de 2004. **Diário Oficial da União**, Brasília, DF, 13 dez. 2004. Disponível em: <http://portal.mec.gov.br/sesu/arquivos/pdf/nova/acs_portaria4059.pdf>. Acesso em: 4 maio 2017.

CARVALHO, F. A. H. de. **Reaprender a aprender**: a pesquisa como alternativa metacognitiva. 150 f. Tese (Doutorado em Educação) – Pontifícia Universidade Católica do Rio Grande do Sul, Porto Alegre, 2007. Disponível em: <http://repositorio.pucrs.br/dspace/bitstream/10923/2866/1/000400884-Texto%2bCompleto-0.pdf>. Acesso em: 4 maio 2017.

CASTRO, M. A. C. D. de. Revelando o sentido e o significado da resiliência na preparação de professores para atuar e conviver num mundo em transformação. In: TAVARES, J. (Org.). **Resiliência e educação**. 3. ed. São Paulo: Cortez, 2002. p. 115-126.

CAZELLA, S. C. et al. Desenvolvendo um sistema de recomendação de objetos de aprendizagem baseado em competências para a educação: relato de experiências. In: SIMPÓSIO BRASILEIRO DE INFORMÁTICA NA EDUCAÇÃO – SBIE, 23., 2012, Rio de Janeiro, **Anais...** Rio de Janeiro, 2012. Disponível em: <http://www.br-ie.org/pub/index.php/sbie/article/view/1710/1471>. Acesso em: 2 maio 2017.

CHEVALLARD, Y.; BOSCH, M.; GASCÓN, J. **Estudar matemáticas**: o elo perdido entre o ensino e a aprendizagem.

Tradução de Daisy Vaz de Moraes. Porto Alegre: Artmed, 2001.

CLARK, K.; HOLQUIST, M. **Mikhail Bakhtin**. São Paulo: Perspectiva, 2008.

CONTRERAS, J. **A autonomia de professores**. São Paulo: Cortez, 2002.

CORRÊA, J. Estruturação de programas em EaD. In: _____. (Org.). **Educação a distância**: orientações metodológicas. Porto Alegre: Artmed, 2007. p. 9-20.

COSTA, J. C. **VJEdu – vídeo-jockey educativo**: um software interativo para o visitante de uma exposição de arte. Tese (Doutorado em Informática na Educação) – Universidade Federal do Rio Grande do Sul, Porto Alegre, 2011. Disponível em: <http://www.lume.ufrgs.br/bitstream/handle/10183/39668/000826416.pdf?sequence=1>. Acesso em: 26 abr. 2017.

CUNHA, M. I. da; ISAIA, S. M. de A. Formação do docente de instituições de ensino superior. In: MOROSINI, M. C. (Org.). **Enciclopédia da pedagogia universitária**. Porto Alegre: Fapergs/Ries, 2003. p. 368-375.

D'AMBROSIO, U. **La transdisciplinariedad y los nuevos rumbos de la educación superior**. 1997. Disponível em: <http://www.lamolina.edu.pe/facultad/economia/sociologia/univirtual.htm>. Acesso em: 20 nov. 2011.

DELEUZE, G.; GUATTARI, F. **Mil platôs**: capitalismo e esquizofrenia. v. 1. Rio de Janeiro: Ed. 34, 2000.

DELORS, J. (Org.). **Educação**: um tesouro a descobrir. 9. ed. São Paulo: Cortez; Brasília: MEC/Unesco, 2004.

DEMO, P. **Certeza da incerteza**: ambivalências do conhecimento e da vida. Brasília: Plano, 2000.

DOLABELA, F. **Oficina do empreendedor**: a metodologia de ensino que ajuda a transformar conhecimento em riqueza. 6. ed. São Paulo: Cultura, 1999.

ENRICONE, D. O professor e as inovações. In: _____. (Org.). **Ser professor**. 4. ed. Porto Alegre: EdiPUCRS, 2004. p. 42-57.

ESTEBAN, M. T. Exigências democráticas, exigências pedagógicas: avaliação. **Tecnologia Educacional**, n. 148, p. 3-6, jan./mar. 2000.

FARACO, C. A. Autor e autoria. In: BRAIT, B. **Bakhtin**: conceitos-chave. 4. ed. São Paulo: Contexto, 2010. p. 37-60.

FAZENDA, I. C. A. Interdisciplinaridade e transdisciplinaridade na formação de professores. **Revista Brasileira de Docência, Ensino e Pesquisa em Administração**, v. 1, n. 1, p. 24-32, maio 2009. Disponível em: <http://ltc-ead.nutes.ufrj.br/constructore/objetos/Interdiscipliniraridade%20e%20trasndiciplinaridade%20na%20forma%e7%e3o%20de%20professores%20Heloisa.pdf>. Acesso em: 4 maio 2017.

FIGUEIREDO, L. de O. **A arte contemporânea e os processos criativos na educação artística**. 171 f. Dissertação (Mestrado em Comunicação e Arte) – Universidade de Aveiro, Aveiro, 2011. Disponível em: <http://ria.ua.pt/bitstream/10773/7478/1/246238.pdf>. Acesso em: 4 maio 2017.

FLICK, U. **Uma introdução à pesquisa qualitativa**. 2. ed. Porto Alegre: Bookman, 2004.

FREIRE, P. **Pedagogia da autonomia**: saberes necessários à prática educativa. 43. ed. São Paulo: Paz e Terra, 2011.

FULLAN, M.; HARGREAVES, A. **A escola como organização aprendente**: buscando uma educação de qualidade. 2. ed. Porto Alegre: Artmed, 2000.

GIANNETTI, C. **Estética digital**: sintopia da arte, a ciência e a tecnologia. Belo Horizonte: C/Arte, 2006.

GIL, A. C. **Como elaborar projetos de pesquisa**. 4 ed. São Paulo: Atlas, 2002.

GONÇALVES, L. R. **Entre cenografias**: o museu e a exposição de arte no século XX. São Paulo: EdUsp/Fapesp, 2004.

GONNET, J. **Educação e mídias**. Tradução de Maria Luiza Belloni. São Paulo: Loyola, 2004.

GONZÁLEZ REY, F. **Psicoterapia, subjetividade e pós-modernidade**: uma aproximação histórico-cultural. São Paulo: Thomson, 2007.

HARGREAVES, A. **O ensino na sociedade do conhecimento**: educação na era da insegurança. Porto Alegre: Artmed, 2004.

HARGREAVES, A. et al. **Aprendendo a mudar**: o ensino para além dos conteúdos e da padronização. Porto Alegre: Artmed, 2002.

HUERTAS, J. A. **Motivación**: querer aprender. 2. ed. Buenos Aires: Aique, 2001.

IMBERNÓN, F. **Formação permanente do professorado**: novas tendências. São Paulo: Cortez, 2009.

INSTITUTO ARTE NA ESCOLA. **Mapa rizomático**. Disponível em: <http://artenaescola.org.br/dvdteca/mapa>. Acesso em: 4 maio 2017.

INEP – Instituto Nacional de Estudos e Pesquisas Educacionais Anísio Teixeira. Disponível em: <http://portal.inep.gov.br/>. Acesso em: 20 ago. 2012.

KEHRWALD, I. P. Processo criativo e sua função social. **Revista da Fundarte**, v. 2, n. 4, jul./dez. 2002. Disponível em: <http://seer.fundarte.rs.gov.br/index.php/RevistadaFundarte/issue/viewIssue/12/32>. Acesso em: 4 maio 2017.

KIRNER, C.; SISCOUTTO, R. Fundamentos da realidade virtual e aumentada. In: _____. (Ed.). **Realidade virtual e aumentada**: conceitos, projeto e aplicações. Petrópolis: SBC, 2007. p. 2-21.

KROHLING, A. A busca da transdisciplinaridade nas ciências humanas. **Revista de Direitos e Garantias Fundamentais**, n. 2, p. 194-214, 2007. Disponível em: <http://sisbib.fdv.br/index.php/direitosegarantias/article/view/47/44>. Acesso em: 4 maio 2017.

LE BOTERF, G. **Desenvolvendo competências dos profissionais**. 3. ed. rev. e ampl. Porto Alegre: Artmed, 2003.

LEONARDO'S Last Supper: a Vision by Peter Greenaway. Direção: Peter Greenaway. Videoinstalação. 6'58". Disponível em: <https://www.youtube.com/watch?v=CFTs_6C919g>. Acesso em: 16 maio 2017.

LÉVY, P. **O que é virtual?** São Paulo: Ed. 34, 1999.

LOURO, A. S. R. **O recurso à metacognição no ensino profissional**: o conto tradicional no módulo das Artes do Espectáculo. 79 f. Dissertação (Mestrado em Ensino de Artes Visuais) – Universidade de Lisboa, Lisboa, 2011. Disponível em: <http://repositorio.ul.pt/bitstream/10451/4111/1/ulfpie 039509_tm.pdf>. Acesso em: 3 maio 2017.

LOYOLA, G. **Abordagens sobre o material didático no ensino de arte**. Belo Horizonte: BEA/UFMG, 2010.

MACEDO, A. L. et al. Linux Educacional: possibilidades práticas de aplicação em contextos educacionais. **Cadernos de Informática**, Porto Alegre, v. 6, n. 1, p. 63-69, 2011. Disponível em: <http://seer.ufrgs.br/index.php/cadernos deinformatica/article/view/v6n1p63-69/11738>. Acesso em: 4 maio 2017.

MAGALHÃES, S. M. O. Transdisciplinaridade, afetividade e sensibilidade: contribuições para a formação docente. In: SIMPÓSIO DE EDUCAÇÃO AMBIENTAL E TRANSDISCIPLINARIDADE – SEAT, 2., 2011, Goiânia. **Anais...** Goiânia: UFG/Iesa/Nupeat, 2011. Disponível em: <https://nupeat.iesa.ufg.br/up/52/o/28_Artigo_Educa___o_ambiental_2011.pdf>. Acesso em: 2 maio 2017.

MAISSIAT, J. **O caráter empreendedor da mediação tecnológica docente**: cenários e protagonistas. Saarbrüken: Novas Edições Acadêmicas, 2015.

MAISSIAT, J.; BIAZUS, M. C. V.; BERCHT, M. Proposta de um curso em EaD para formação do professor de Arte como ser complexo. In: CONFERÊNCIA IADIS IBERO-AMERICANA WWW/INTERNET 2012, Madri. **Anais...** Madri, 2012. CD-ROM.

MARGS – Museu de Arte do Rio Grande do Sul. Disponível em: <http://www.margs.rs.gov.br/tour-virtual/>. Acesso em: 16 maio 2017.

MARTINAZZO, C. J. **Ambientes virtuais**: enfatizando a autonomia e a aprendizagem. Disponível em: <http://www.portalanpedsul.com.br/admin/uploads/2010/Educacao,_

Comunicacao_e_Tecnologias/Trabalho/02_24_46_AMBIENTES _VIRTUAIS_ENFATIZANDO_A_AUTONOMIA_E_A_ APRENDIZAGEM.PDF>. Acesso em: 2 maio 2017.

MARTINAZZO, C. J.; AMARAL, R. Autonomia e complexidade: a construção das aprendizagens humanas. **Impulso**, Piracicaba, v. 22, n. 53, p. 49-61, jan./abr., 2012. Disponível em: <https://www.metodista.br/revistas/revistas-unimep/index.php/impulso/article/view/689/609>. Acesso em: 16 maio 2017.

MARTINS, J. A. L. G. **Metacognição, criatividade e emoção na educação visual e tecnológic**a: contributos e orientações para a formação de alunos com sucesso. 538 p. Tese (Doutorado em Psicologia) – Universidade do Minho, Braga, 2009. Disponível em: <https://www.metodista.br/revistas/revistas-unimep/index.php/impulso/article/view/689/609>. Acesso em: 2 maio 2017.

MARTINS, M. C.; PICOSQUE, G. **A aventura de planar numa DVDteca**. 3. dez. 2012. Disponível em: <http://artenaescola.org.br/sala-de-leitura/artigos/artigo.php?id=69345&#>. Acesso em: 16 maio 2017.

MASETTO, M. T. **Competência pedagógica do professor universitário**. São Paulo: Summus, 2003.

MEDEIROS, M. F. de; HERRLEIN, M. B. P.; COLLA, A. L. Movimentos de um paradigma em EaD: um cristal em seus desdobramentos e diferenciações. In: MEDEIROS, M. F. de; FARIA, E. T. (Org.). **Educação a distância**: cartografias pulsantes em movimento. Porto Alegre: EdiPUCRS, 2003. p. 77-96.

MELLO, G. N. de. Formação inicial de professores para a educação básica: uma (re)visão radical. **Perspectiva**, São Paulo, v. 14, n. 1, p. 98-110, jan./mar. 2000. Disponível em: <http://www.scielo.br/pdf/spp/v14n1/9807.pdf>. Acesso em: 2 maio 2017.

MENEZES, J. B. de; VACCARI, F. C. A. da S. O saber transdisciplinar no terceiro milênio e a autoeducação do professor. **Pensar**, Fortaleza, v. 10, n. 1, p. 53-56, fev. 2005. Disponível em: <http://periodicos.unifor.br/rpen/article/view/762/1624>. Acesso em: 3 maio 2017.

MINISTÉRIO DA EDUCAÇÃO. **Portal do Professor**. Disponível em: <http://portaldoprofessor.mec.gov.br/index.html>. Acesso em: 16 maio 2017.

MOODLE CINTED. Disponível em: <http://moodle2.cinted.ufrgs.br/>. Acesso em: 16 maio 2017.

MORAES, M. C.; VALENTE, J. A. **Como pesquisar em educação a partir da complexidade e da transdisciplinaridade?** São Paulo: Paulus, 2008.

MORAN, J. M. **O que é educação a distância?** 2002. Disponível em: <http://www2.eca.usp.br/moran/wp-content/uploads/2013/12/dist.pdf>. Acesso em: 26 abr. 2017.

MORIN, E. **A cabeça bem-feita**: repensar a reforma, reformar o pensamento. 8. ed. Rio de Janeiro: Bertran Brasil, 2003a.

_____. **Ciência com consciência**. 6. ed. Rio de Janeiro: Bertrand Brasil, 2002.

_____. **Complexidade e transdisciplinaridade**: reforma da universidade e do ensino fundamental. Natal: EdUFRN, 1999.

MORIN, E. **Educar na era planetária**: o pensamento complexo como Método de aprendizagem no erro e na incerteza humana. São Paulo: Cortez, 2003b.

_____. **Introdução ao pensamento complexo**. Tradução de Dulce Matos. 4. ed. Lisboa: Instituto Piaget, 2003c.

_____. **O método 4**: as ideias – habitat, vida, costumes, organização. Porto Alegre: Sulina, 1998.

_____. **Os sete saberes necessários à educação do futuro**. Tradução de Catarina Eleonora F. da Silva e Jeanne Sawaya. 2. ed. São Paulo: Cortez; Brasília: Unesco, 2000.

NAVi UFRGS. Disponível em: <https://ead.ufrgs.br/navi/>. Acesso em: 27 abr. 2017.

NEVES, M. de L. C. **Afetividade e expressão artística na escola**: como os arte-educadores encaram o papel da arte. 126 p. Dissertação (Mestrado em Educação) – Pontifícia Universidade Católica do Rio Grande do Sul, Porto Alegre, 2009. Disponível em: <http://repositorio.pucrs.br/dspace/bitstream/10923/2880/1/000409721-Texto%2bCompleto-0.pdf>. Acesso em: 3 maio 2017.

NICOLESCU, B. **O manifesto da transdisciplinaridade**. 2. ed. São Paulo: Triom, 2001.

NORONHA, A. B.; VIEIRA, A. R. A utilização da plataforma WebCT para o desenvolvimento e implementação de disciplinas utilizando a internet. In: BARBOSA, R. M. (Org.). **Ambientes virtuais de aprendizagem**. Porto Alegre: Artmed, 2005. p. 169-182.

NUIT BLANCHE. Direção: Arev Manoukian. Vídeo. 4'41". Disponível em: <https://www.youtube.com/watch?v=Vub4R_MBG5U>. Acesso em: 16 maio 2017.

OLIVEIRA, R. M. **Novas tecnologias, novas fronteiras de criação artística**: percursos e desafios. Disponível em: <http://www.bocc.ubi.pt/pag/oliveira-rosa-novas-tecnologias-novas-fronteiras-criacao-artistica.pdf>. Acesso em: 4 maio 2017.

PARENTE, A. (Org.). **Tramas da rede**. Porto Alegre: Sulina, 2004.

PETRONI, A. P.; SOUZA, V. L. T. de. Vigotski e Paulo Freire: contribuições para a autonomia do professor. **Revista Diálogo Educacional**, Curitiba, v. 9, n. 27, p. 351-361, maio/ago. 2009. Disponível em: <http://www2.pucpr.br/reol/pb/index.php/dialogo?dd1=2744&dd99=view&dd98=pb>. Acesso em: 2 maio 2017.

PIAGET, J. **Estudos sociológicos**. Rio de Janeiro: Forense, 1973.

POUTS-LAJUS, S.; RICHÉ-MAGNIER, M. **A escola na era da internet**: os desafios do multimídia na educação: Lisboa: Instituto Piaget, 2000.

PRAUN, A. G.; LA TORRE, S. de. Dimensão social e educativa da arte. **Revista Húmus**, n. 2, p. 24-37, maio/ago. 2011. Disponível em: <http://www.periodicoseletronicos.ufma.br/index.php/revistahumus/article/viewFile/1628/1291>. Acesso em: 16 maio 2017.

PRENSKY, M. Digital Natives, Digital Immigrants. **On the Horizon**, United Kingdom, MCB University Press, v. 9, n. 5, Oct. 2001. 4. Disponível em: <http://www.marcprensky.com/writing/Prensky%20-%20Digital%20Natives,%20Digital%20Immigrants%20-%20Part1.pdf>. Acesso em: 16 maio 2017.

PROJETO APRENDI. Disponível em: <http://www.ufrgs.br/nesta/especialnesta/index>. Acesso em: 27 abr. 2017.

READ, M. Cultural and Organizational Drivers of Open Educacional Content. In: KATZ, R. N. (Ed.). **The Tower and The Cloud**: Higher Education in the Age of Cloud Computing. Educasse 2008. p. 140-149. Disponível em: <http://net.educause.edu/ir/library/pdf/PUB7202.pdf>. Acesso em: 4 maio 2017.

REZENDE, F.; COLA, C. dos S. D. Hipermídia na educação: flexibilidade cognitiva, interdisciplinaridade e complexidade. **Ensaio Pesquisa em Educação em Ciências**, v. 6, n. 2, p. 1-11, jul./dez. 2004. Disponível em: <http://www.scielo.br/pdf/epec/v6n2/1983-2117-epec-6-02-00094.pdf>. Acesso em: 3 maio 2017.

RIBEIRO, C. Metacognição: um apoio ao processo de aprendizagem. **Psicologia: Reflexão e Crítica**, v. 16, n. 1, p. 109-116, 2003. Disponível em: <http://www.scielo.br/pdf/prc/v16n1/16802.pdf>. Acesso em: 4 maio 2017.

RIOS, T. A. **Compreender e ensinar**: por uma docência da melhor qualidade. São Paulo: Cortez, 2001.

RODRIGUES, S. C.; LAURINO, D. P. **Interação, cooperação e comunicação**: atratores na construção do Mathemolhes. In: SEMINÁRIO DE PESQUISA EM EDUCAÇÃO DA REGIÃO SUL, 5., 2004, Curitiba. **Anais...** Curitiba, 2004. Disponível em: <http://www.portalanpedsul.com.br/admin/uploads/2004/Painel/Painel/02_10_24_INTERACAO,_COOPERACAO_E_COMUNICACAO_ATRATORES_NA_CONSTRUCAO_.pdf>. Acesso em: 4 maio 2017.

ROSENTHAL, D. **Prática transdisciplinar na formação do professor de arte**. São Paulo: USP, 2010. (Relatório de Pesquisa).

ROSENTHAL, D. Substancialidade e prática transdisciplinar para formação de professores de arte: diálogos contemporâneos. In: ENCONTRO DA ASSOCIAÇÃO NACIONAL DE PESQUISADORES EM ARTES PLÁSTICAS, 21., 2012, Rio de Janeiro. **Anais**... Rio de Janeiro: Anpap, 2012. Disponível em: <http://www3.eca.usp.br/sites/default/files/form/biblioteca/acervo/producao-academica/002684346.pdf>. Acesso em: 4 maio 2017.

SAMPAIO, M. N.; LEITE, L. S. **Alfabetização tecnológica do professor**. 4. ed. Petrópolis: Vozes, 2004.

SANCHO, J. M. A tecnologia: um modo de transformar o mundo carregado de ambivalência. In: _____. (Org.). **Para uma tecnologia educacional**. Porto Alegre: Artmed, 2001. p. 23-49.

SANTAELLA, L. **Culturas e artes do pós-humano**: da cultura das mídias à cibercultura. São Paulo: Paulus, 2003.

_____. **Por que as comunicações e as artes estão convergindo?** São Paulo: Paulus, 2005.

SANTOS, A. **Didática sob a ótica da complexidade**. Porto Alegre: Sulina, 2003.

SCHLEMMER, E. Metodologias para educação a distância no contexto da formação de comunidades virtuais de aprendizagem. In: BARBOSA, R. M. (Org.). **Ambientes virtuais de aprendizagem**. Porto Alegre: Artmed, 2005. p. 29-50.

SIHLER, A. P.; FERREIRA, S. M. B. **A afetividade mediada por meio da interação na modalidade a distância como fator preponderante para a diminuição da evasão**. 2011. Disponível em: <http://www.abed.org.br/congresso2011/cd/116.pdf>. Acesso em: 4 maio 2017.

SILVA, M. **A sala de aula interativa**. 5. ed. São Paulo: Loyola, 2010.

SILVA, T. T. da. **Teoria cultural e educação**: um vocabulário crítico. Belo Horizonte: Autêntica, 2000.

SILVEIRA, A. L. M. **Sistema Diálogos**: por uma experiência museológica dialógica em realidade aumentada. Tese (Doutorado em Informática na Educação) – Universidade Federal do Rio Grande do Sul, Porto Alegre, 2011. Disponível em: <http://www.lume.ufrgs.br/bitstream/handle/10183/48917/000829163.pdf?...1>. Acesso em: 26 abr. 2017.

SOBRAL, A. Ato/atividade e evento. In: BRAIT, B. **Bakhtin**: conceitos-chave. 4. ed. São Paulo: Contexto, 2010. p. 11-36.

SOUZA, I. G. C. de. **Subjetivação docente**: a singularidade constituída na relação entre o professor e a escola. 223 f. Tese (Doutorado em Educação) – Universidade de São Paulo, São Paulo, 2012. Disponível em: <http://www.teses.usp.br/teses/disponiveis/48/48134/tde-16082012-114112/pt-br.php>. Acesso em: 2 maio 2017.

SOUZA, V. B. e de A. e. **O desafio das ligações na interação interdisciplinar e na integração transdisciplinar**. Porto Alegre: [s.n.], 2005.

SOVERAL, E. S. A. de. **Pedagogia para a era tecnológica**. Porto Alegre: EdiPUCRS, 2001.

SQUIRRA, S. Sociedade do conhecimento. In: MELO, J. M. de; SATHLER, L. **Direitos à comunicação na sociedade da informação**. São Bernardo do Campo: Ed. da Unesp, 2005.

STERNBERG, R. J.; WILLIAMS, W. M. **Como desenvolver a criatividade do aluno**. 2. ed. Porto: Asa, 2003.

TAPIA, J. A. **Motivar en la escuela, motivar en la familia**. Madrid: Morata, 2005.

TARDIF, M. **Saberes docentes e formação profissional**. 9. ed. Petrópolis: Vozes, 2008.

TAVARES, J. A resiliência na sociedade emergente. In: _____. (Org.). **Resiliência e educação**. 3. ed. São Paulo: Cortez, 2002. p. 43-75.

TAVARES, J.; ALARCÃO, I. Paradigma de formação e investigação no ensino superior para o terceiro milênio. In: ALARCÃO, I. (Org.). **Escola reflexiva e nova racionalidade**. Porto Alegre: Artmed, 2001. p. 97-114.

TECNOLOGIA o metodologia (en español). Vídeo. 2'45". Disponível em: <https://www.youtube.com/watch?v=iUGMgw4MK64>. Acesso em: 16 maio 2017.

TELEDUC. Disponível em: <http://www.teleduc.org.br/>. Acesso em: 16 maio 2017.

TODOS PELA EDUCAÇÃO. **Anuário Brasileiro da Educação Básica**. 2012. Disponível em: <http://todospelaeducacao.org.br//arquivos/biblioteca/anuario_finaleducacao_prova06_ok_capas.pdf>. Acesso em: 16 maio 2017.

TOKARNIA, M. **Quase 40% dos professores no Brasil não têm formação adequada**. 28 mar. 2016. Disponível em: <http://agenciabrasil.ebc.com.br/educacao/noticia/2016-03/

quase-40-dos-professores-no-brasil-nao-tem-formacao-adequada>. Acesso em: 31 maio 2017.

TRIVIÑOS, A. N. S. **Introdução à pesquisa em ciências sociais**: a pesquisa qualitativa em educação. 4. ed. São Paulo: Atlas, 1995.

UFRGS – Universidade Federal do Rio Grande do Sul. CINTED – Centro Interdisciplinar de Novas Tecnologias na Educação. Disponível em: <http://moodle2.cinted.ufrgs.br/>. Acesso em: 16 maio 2017.

VEEN. W.; VRAKKING, B. **Homo zappiens**: educando na era digital. Tradução de Vinícius Figueira. Porto Alegre: Artmed, 2009.

VON NEUMANN, J. **Theory os Self-Reproducing Automata**. London; Urbana: University of Illinois Press, 1966.

WEINBERGER, D. A. **A nova desordem digital**. Rio de Janeiro: Campus-Elsevier, 2007.

ZANI, R. Intertextualidade: considerações em torno do dialogismo. **Em questão**, Porto Alegre, v. 9, n. 1, p. 121-132, jan./jun. 2003. Disponível em: <http://seer.ufrgs.br/index.php/EmQuestao/article/view/65/25>. Acesso em: 4 maio 2017.

ZANINI, W. A arte de comunicação telemática: a interatividade no ciberespaço. **ARS**, São Paulo, v. 1, n. 1, p. 10-34, 2003. Disponível em: <http://www.scielo.br/scielo.php?script=sci_arttext&pid=S1678-53202003000100003>. Acesso em: 4 maio 2017.

Sobre a autora

Jaqueline Maissiat é graduada em Pedagogia (2004), com ênfase em Multimeios e Informática Educativa (2004) pela Pontifícia Universidade Católica do Rio Grande do Sul (PUCRS), mestre em Educação (2007) pela mesma instituição, e doutora em Informática na Educação (2013) pela Universidade Federal do Rio Grande do Sul (UFRGS). Atualmente, é professora e coordenadora geral de ensino no Centro de Referência em Formação e em Educação a Distância (Cefor) e professora permanente no Programa de Pós-Graduação em Ensino de Humanidades do Instituto Federal do Espírito Santo (Ifes).

Participa dos grupos de pesquisa Tecnologias Digitais e Práticas Pedagógicas (TecPrática) do Ifes e do Núcleo de Estudos em Subjetivação, Tecnologia e Arte (N.E.S.T.A) da UFRGS. É pesquisadora e professora na formação de professores e o uso das tecnologias digitais de comunicação e informação para o ensino há mais de dez anos. Já atuou no Ministério da Educação (MEC) como produtora de material para o projeto Um Computador por Aluno (UCA) e desenvolvedora do curso de formação para o Linux Educacional. Além disso, atua como tutora presencial e a distância, professora e coordenadora de cursos a distância. Participou da organização de eventos mundiais, como o World Conference on Computers in Education, entre outros. Dedica seus estudos à complexidade, às tecnologias digitais e ao ensino híbrido.

Apêndice

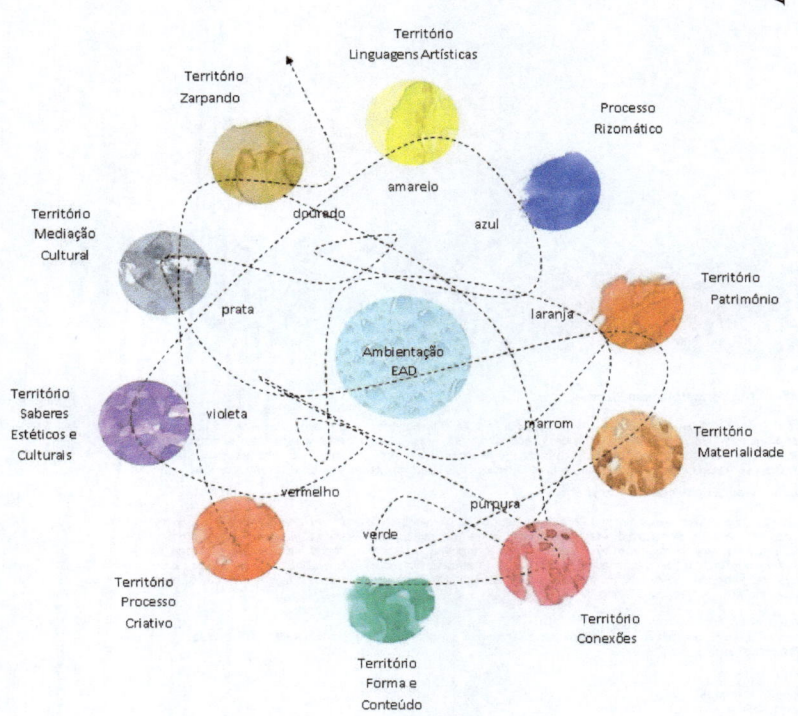

Território Linguagens Artísticas

Território Zarpando

Processo Rizomático

Território Mediação Cultural

amarelo

dourado

azul

Território Patrimônio

prata

laranja

Ambientação EAD

Território Saberes Estéticos e Culturais

violeta

marrom

Território Materialidade

vermelho

púrpura

Território Processo Criativo

verde

Território Conexões

Território Forma e Conteúdo

Simone Vacaro Fogazzi

Caro(a) Professor(a) Aprendiz,

Seja bem-vindo ao curso (Re) significando a arte/educação por meio dos DVDs Arte na Escola!

O presente curso pretende que o(a) professor(a) possa (re)pensar seu papel, o da educação, o do aluno, sob a ótica da diferença tendo no conceito de rizoma sua principal expressão e o tornar sujeito complexo, de acordo com a Teoria da Complexidade (Morin). Os professores explorarão a DVDteca Arte na Escola tendo por princípio o pensamento rizomático, o que expandirá sua forma de pensar a aula, trazendo elementos constitutivos das multiplicidades de seus alunos, da escola e do mundo. A postura investigativa, criativa, será estimulada no professor, para a criação de aulas interligadas com a realidade escolar, as singularidades dos alunos e do professor mesmo, e o acervo da DVDteca.

Bons estudos!

Equipe do Curso
Coordenadora: Profa. Dra. Maria Cristina Villanova Biazus
Professoras: Jaqueline Maissiat, Katyuscia Sosnowski e Simone Fogazzi

- Fórum de notícias - acesse com frequência.
- Relatório de Atividades - atualizado em 06 de junho
- Plano de Ensino
- Apresentação
- Dúvidas técnicas
- Dúvidas relacionadas aos conteúdos do curso.
- DIÁRIO - Registre semanalmente aqui sua trajetória dentro do curso
- Chat dos professores
- Registre aqui a escolha do primeiro território que irás trabalhar na semana 1 (23 abr a 29 abr)
- Registre aqui a escolha do segundo território que irás trabalhar na Semana 2 (30 abr a 06 maio)
- Registre aqui a escolha do terceiro território que irás trabalhar na Semana 3 (07 mai a 13 mai)
- Registre aqui a escolha do quarto território que irás trabalhar na semana 4 (14 mai a 20 maio)
- Registre aqui a escolha do quinto território que irás trabalhar na Semana 5 (21 mai a 27 mai)

Espaço Azul - Território Processo Rizomático

Proliferação. Contágio. Trama de saberes. Processo. Na sala de aula o professor é o artista que cria o encontro entre seus aprendizes e a Arte. Composição de corpos, conhecimento, pesquisas, fazeres e estesias, num acontecimento único que é a aula. Encontro irrepetível. Sucessão de tempos e espaços ao longo do ano escolar que, em sua repetição, faz acontecer o novo, o singular, o único. Um **Processo Rizomático** é a criação de uma aula, imbricadas

Espaço Azul - Território Processo Rizomático

Proliferação. Contágio. Trama de saberes. Processo. Na sala de aula o professor é o artista que cria o encontro entre seus aprendizes e a Arte. Composição de corpos, conhecimento, pesquisas, fazeres e estesias, num acontecimento único que é a aula. Encontro irrepetível. Sucessão de tempos e espaços ao longo do ano escolar que, em sua repetição, faz acontecer o novo, o singular, o único. Um **Processo Rizomático** é a criação de uma aula, imbricadas umas nas outras, na vida, no cotidiano. Processo que faz na prática, em relação com o que acontece. Caminho que se faz no próprio ato de caminhar.

Material Base
- Assistir ao capítulo "Duas Palavras" que pode ser encontrado em qualquer DVD, da caixa MEC/ TV Escola.
- texto "Processo Rizomático"

Atividades
a) participação no fórum
b) envio de tarefa

voltar ao topo

- Processo Rizomático - Professora Mediadora: Simone Fogazzi
- Leitura sugerida sobre Processo Rizomático
- Tarefa : Abordagem Rizomática em Sala de Aula
- Espaço para enviar arquivo

Espaço Vermelho - Território Processo Criativo

Percurso criador. Olhar/sentir/pensar o que antes, simplesmente, não era. Cada novo olhar é um outro olhar, e assim vai se fazendo a obra. Existem vontades. Vontades de artista: projetos, esboços, estudos, protótipos. Vontades da matéria: resistir, provocar, obedecer, dialogar com o artista. Existe um tempo: do devaneio, da vigília criativa, do fazer sem parar, de ficar em silêncio e distante, de viver o caos criador. Existe um espaço: o ateliê. Espaço para produzir, investigar, experimentar. Repouso e reflexão. Espaço-referência. Existe sempre a busca incansável para o artista inventar a sua poética de tal forma que, enquanto a obra se faz, se inventa o modo de fazer. Invenção que, na cartografia, convoca o andarilhar pelo território **Processo de Criação**.

Proposta: Apresentação do processo rizomático (Deleuze e Guattari), Apresentação do território Processo Criativo e suas possíveis perspectivas pedagógicas.

Material Base
- Assistir ao DVD AS FÁBULAS DE ANTONIO POTEIRO, da caixa MEC/ TV Escola, partes: proposta pedagógica e documentário.
- Software de edição de imagem (Sugestão: gimp)

GIMP: software livre de edição de imagens, pode ser instalado em Linux Educacional e sistema operacional /windows.

Download:
- http://www.gimp.org/
- http://www.baixaki.com.br/downlcad/the-gimp.htm

Tutoriais na net:

- http://www.gimp.com.br/smf/index.php?board=34.0
- http://www.youtube.com/watch?v=LtMTDJQKbyI
- http://www.youtube.com/watch?v=Xfbsy4Qc9FM

Atividades
a) Criar uma imagem, com o auxílio do software de edição, que apresente uma fábula regional.
b) Participação no fórum.

voltar ao topo
- Ato Criativo - Professora Mediadora: Jaqueline Maissiat - semana 1 (23 abr a 29 abr)
- Ato Criativo - Professora Mediadora: Jaqueline Maissiat - semana 2 (30 abr a 06 maio)
- Ato Criativo - Professora Mediadora: Jaqueline Maissiat - semana 3 (07 maio a 13 maio)
- Ato Criativo - Professora Mediadora: Jaqueline Maissiat - semana 4 (13 maio a 20 maio)
- Ato Criativo - Professora Mediadora: Jaqueline Maissiat - semana 5 (21 maio a 27 maio)   4 mensagens não lidas
- Espaço para envio do arquivo de imagem criado no software Gimp
- Texto de apoio: Processo criativo: Para quê? Para quem?

Espaço Laranja - Território Patrimônio

Obras de arte que habitam a rua, obras de arte que vivem no museu. Um vestígio arqueológico que surge em um deserto de pedra, das cidades como ruínas. Bens culturais, materiais e imateriais se oferecem ao nosso olhar. Patrimônio de cadaindivíduo, memória do coletivo. Representam um momento da história humana, um marco de vida. Testemunho da presença do ser humano, seu fazer estético, suas crenças, sua organização, sua cultura. Se destruídos, empobrecemos. Quando conservados, enriquecemos. Patrimônio e preservação são, assim, quase sinônimos. Na cartografia, movemos este documentário ao território **Patrimônio Cultural**, nos orgulhamos das realizações artísticas e encontramos nelas nossas heranças culturais.

Proposta: Apresentação do Território Patrimônio. Conceitos de patrimônio material e imaterial. Memória, referências, cultura. Possibilidades pedagógicas.

Material Base
- Assistir ao DVD A OBRA MONUMENTAL DE POTY , da caixa MEC/ TV Escola, parte: documentário

Atividades
a) Participação no fórum
voltar ao topo
- Arte Patrimonial - Professora Mediadora - Jaqueline Maissiat - semana 1 (23 abr a 29 abr)
- Arte Patrimonial - Professora Mediadora - Jaqueline Maissiat - semana 2 (30 abr a 06 maio)
- Arte Patrimonial - Professora Mediadora - Jaqueline Maissiat - semana 3 (07 maio a 13 maio)
- Arte Patrimonial - Professora Mediadora - Jaqueline Maissiat - semana 4 (13 maio a 20 maio)
- Arte Patrimonial - Professora Mediadora - Jaqueline Maissiat - semana 5 (21 maio a 27 maio)   2 mensagens não lidas
- Texto de apoio: Arte pública - um olhar investigativo à educação patrimonial

Espaço Verde - Território Forma e Conteúdo

Onde se vê a forma, lá está o conteúdo. Kandinsky discute essa questão de modo certeiro. Para ele, "a forma é a expressão exterior do conteúdo interior". A forma visual – linhas, volumes, cores,... e suas relações compositivas – é o meio pelo qual o artista dá ressonância, nos materiais, à sua idéia/pensamento e à emoção que quer expressar. A forma conjuga-se com a matéria por meio da qual se exprime, ligada aos significados que imprimem cada artista, período ou época. Forma e conteúdo são, assim, intimamente conectados, inseparáveis, imantados. Aproximação deste documentário ao território **Forma-Conteúdo** da cartografia oferece acesso a vias de compreensão para além do olhar analítico que separa a forma estética do conteúdo tematizado.

Material Base
- DVD TRAJETÓRIA DA LUZ NA ARTE BRASILEIRA – por Paulo Herkenhoff, da caixa MEC/ TV Escola, parte: documentário

Atividades
a) Interação no fórum
voltar ao topo
- Forma e Conteúdo - Professora Mediadora: Katyúscia - semana 1 (23 abr a 29 abr) Jussara, Adriana, Vera Teresinha, Maria de Fátima, Liane,Lisiane
- Forma e Conteúdo - Professora Mediadora: Katyuscis - semana 2 (30 abr a 06 maio) Neiva, Lauralice, Marilda, Marcia Pessoa, Solange, Elisangela
- Forma e Conteúdo - Professora Mediadora: Katyúscia - semana 3 (7 maio a 13 maio) Nanci, Priscila, Micheli, Tânia Mara, Claudia, Adriane, Fabiana, Eloisa, Jocilda, Aline, Neusa, Cristiane, Rozane, Andrea,Juliana
- Forma e Conteúdo - Professora Mediadora: Katyúscia - semana 4 (14 maio a 20 maio) Paulo, Daniela, Andrea,Bruna, Marília, Valquiria, Jaide, Adriana C.
- Forma e Conteúdo - Professora Mediadora: Katyúscia - semana 5 (21 maio a 27 maio)Maria Clara, Jésica, Aline, Sandra Lúcia,Lilian,, Noeli
- Link ao vídeo equivalente ao DVD disponível no you tube

Espaço Prata - Território Mediação Cultural

Museus, galerias e instituições culturais abrigam exposições, acolhem visitantes. Curador, museólogo, formas de expor, montagem, ação educativa e professor mostram as obras aos caminhantes, oferecendo acesso, afetando-os. Olhos-corpos sensíveis se movem dentro das obras e ao redor delas. O visitante vive a vida lenta. Experiência estética: múltiplas sensações, percepções, reflexões. Às vezes, a experiência é solitária, em seu próprio ritmo. Algumas vezes, é compartilhada com outros numa visita mediada. Tanto no ambiente expositivo como no ambiente escolar, a mediação propõe um acasalamento entre a carne do nosso corpo e a carne das obras de arte. Neste documentário, tudo parece mirar para o território **Mediação Cultural** da cartografia. Na geografia dos passos, celebremos a vida cultural!

Proposta: Apresentação do Território mediação cultural. O professor mediador. Espaços expositivos. Possibilidades pedagógicas.

Material Base
- DVD LASAR SEGALL, UM MODERNISTA BRASILEIRO , da caixa MEC/ TV Escola, parte: documentário.
- textos de apoio desse território.

Atividades
a) Proposta de roteiro e envio de tarefa no formato de apresentação, do tipo ppt, ppx.
Envie o arquivo no link indicado desse território. (ver logo abaixo)
b) Leitura e discussão, no fórum, de um dos textos indicados.

voltar ao topo
📄 Texto: Mediação cultural: Educação, arte e tecnologia
📄 texto: Arte, só na aula de arte?

👤 Mediação cultural - Professora Mediadora - Katyúscia - semana 1 (23 abr a 29 abr) Bruna, Juliana, Anelise
👤 Mediação cultural - Professora Mediadora - Katyúscia - semana 2 (30 abr a 06 maio)Eleida, Tânia Mara, Jésica, Priscila, Maria de Fátima, Melissa
👤 Mediação cultural - Professora Mediadora - Katyúscia - semana 3 (07 maio a 13 maio)Neiva, Márcia
👤 Mediação cultural - Professora Mediadora - Katyúscia - semana 4 (13 maio a 20 maio) AdrianaBeatriz, Nanci, Silvana, Mara, Cristiane, Katia, Elizangela
👤 Mediação cultural - Professora Mediadora - Katyúscia - semana 5 (21 maio a 27 maio) Meire, AndreaR,Andrea P,Eloisa
📎 Espaço para enviar sua apresentação sobre mediação cultural.

Espaço Amarelo - Território Linguagens Artísticas

Falar sem palavras. Falar a si mesmo, ao outro. Arte, linguagem não-verbal de força estranha que ousa, se aventura a tocar assuntos que podem ser muitos, vários, infinitos, do mundo das coisas e das gentes. São invenções do persistente ato criador que elabora e experimenta códigos imantados na articulação de significados. Sua riqueza: ultrapassar limites processuais, técnicos, formais, temáticos, poéticos. Sua ressonância: provocar, incomodar, abrir fissuras na percepção, arranhar a sensibilidade. A obra, o artista, a época geram linguagens ou cruzamentos e hibridismo entre elas. Na cartografia, este documentário é impulsionado para o território das **Linguagens Artísticas** com o intuito de desvendar como elas se produzem.

Proposta: Apresentação do Território linguagens artísticas e o professor-artista.
Linguagens artísticas contemporâneas. Possibilidades pedagógicas.

Material Base
- Assistir ao DVD TOMIE OHTAKE: O TRAÇO ESSENCIAL , da caixa MEC/ TV Escola, parte: documentário
- Produção artística individual

Atividades
a) Produção artística individual utilizando uma ou mais linguagens artísticas.
b) Publicação de conceitos no Glossário.

voltar ao topo
👤 Linguagens artísticas - Professora Mediadora - Katyuscia - Semana 1 (23 abr a 29 abr) Neusa, Marilda, Andréa, Lauralice, Neiva, Sonia, Daniela, Simone, Marília, Mara, Eloisa, Marisete, Paulo, Rubia, Juraci , Raquel
👤 Linguagens artísticas - Professora Mediadora: Katyúscia - semana 2 (30 abr a 06 maio) Julmara, Leila, Micheli, Katia, Simone , Lilian, silvana
👤 Linguagens artísticas - Professora Mediadora - Katyuscia - Semana 3 (07 maio a 13 maio) Jésica, Eleida, Lisiane, Maria de fátima, Sandra O.
👤 Linguagens artísticas - Professora Mediadora - Katyuscia - Semana 4 (14 maio a 20 maio) Liane, Maria Clara, Maristela, Cristiane,

http://moodle2.cinted.ufrgs.br/

- Linguagens artísticas - Professora Mediadora : Katyuscia - Semana 5 (21 maio a 27 maio) Adriana, CristianeS, Bruna, Vera Lúcia, Aline, Jaide, Solange , Juliana
- Glossário de Linguagens Artísticas - Todos participantes desse território
- Entrevista com Carmela Gross
- Vídeo de apoio - Fayga Ostrower

Espaço Marrom - Território Materialidade

O atrito do olhar sobre a obra recai no estranho silêncio da matéria. Somos surpreendidos. Matérias são pele sobre a carne da obra. Pigmento. Lã de aço. Lâminas de vidro e metal. Tecido. Plástico. Ferro. Terra. Pedra. Não importa. A matéria, enfeitiçada pelo pensar do artista e sua mão obreira, vira linguagem. No reencontro dos germes da criação, a escuta da conversa das matérias desvela o artista e sua intenção persistente, cuidadosa e de apuramento técnico: o conflito da fusão, as confidências das manchas, o duelo entre o grafite preto e a candura do papel, a felicidade arredondada do duro curvado. Na cartografia, este documentário se aloja no território da **Materialidade**, surpreendendo pelos caminhos de significação: a poética da matéria.

Proposta: Música e pintura/escultura/fotografia

Material Base
- Assistir ao DVD AMELIA TOLEDO: RAZÃO E INTUIÇÃO , da caixa MEC/ TV Escola, parte: documentário
- Software de edição de áudio (indicação: audacity)

AUDACITY: Software para edição, gravação e composição de áudios, já vem nos computador que possuem Linux Educacional (sistema operacional disponível em boa parte dos computadores da rede pública nacional).

Download:
- http://www.baixaki.com.br/download/audacity.htm

Tutoriais na net:
- http://portaldoprofessor.mec.gov.br/storage/materiais/0000013570.pdf
- http://www.youtube.com/watch?v=jQ9nUQsIB9Q
- http://www.youtube.com/watch?v=xUwSm6JE964
- http://www.youtube.com/watch?v=X4x-8TfYdWI&feature=grec_index

Atividades
a) Criação de um vídeo e compartilhamento

voltar ao topo
- Materialidade - Professora mediadora - Jaqueline Maissiat - semana 1 (23 abr a 29 abr)
- Materialidade - Professora mediadora - Jaqueline Maissiat - semana 2 (30 abr a 06 maio)
- Materialidade - Professora mediadora - Jaqueline Maissiat - semana 3 (07 maio a 13 maio)
- Materialidade - Professora mediadora - Jaqueline Maissiat - semana 4 (13 maio a 20 maio)

Espaço Violeta - Território Saberes Estéticos e Culturais

Há saberes em arte que são como estrelas para aclarar o caminho de um território que se quer conhecer. Na cartografia, para pensarsentir sobre uma obra ou artista, as ferramentas são como lentes: lente microscópica, para chegar pertinho da visualidade, dos signos e códigos da linguagem da arte, ou lente telescópica para o olhar ampliado sobre a experiência estética e estésica das práticas culturais, ou, ainda, lente com zoom que vai se abrindo na história da arte, passando pela estética e filosofia em associações com outros campos de saberes. Por assim dizer, neste documentário, tudo parece se deixar ver pela luz intermitente de um vaga-lume a brilhar no território dos **Saberes Estéticos e Culturais**.

Proposta: Apresentação do Território saberes estéticos e culturais. O que são saberes. O que é estesia. O que é cultura. Possibilidades pedagógicas.

Material Base
- Assistir ao DVD ANTONIO SAGGESE: ARQUEOLOGIA DA IMAGEM , da caixa MEC/ TV Escola, parte: documentário

Atividades
a) Leituras e discussão do texto no fórum

voltar ao topo
- Saberes Estéticos e Culturais: fotografia - Professora Mediadora: Simone Fogazzi - semana 1 (23 abr a 29 abr)
- Saberes Estéticos e Culturais: fotografia - Professora Mediadora: Simone Fogazzi - semana 2 (30 abr a 06 maio)
- Saberes Estéticos e Culturais: fotografia - Professora Mediadora: Simone Fogazzi - semana 3 (07 maio a 13 maio)
- Saberes Estéticos e Culturais: fotografia - Professora Mediadora: Simone Fogazzi - semana 4 (13 maio a 20 maio)
- Saberes Estéticos e Culturais: fotografia - Professora Mediadora: Simone Fogazzi - semana 5 (21 maio a 27 maio)   1 mensagem não lida
- Relato de experiência : Serra, minha história, minha cultura, meu folclore

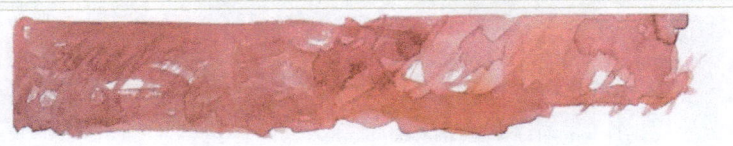

Espaço Púrpura - Território Conexões

Há Ponto de contato: conexão. Abertura para atravessar e ultrapassar saberes: olhar transdisciplinar. A arte se põe a dialogar, fazer contato, contaminar temáticas, fatos e conteúdos. Nessa interseção, arte e outros saberes se alimentam mutuamente, ora se complementando, ora se tensionando; ora acrescentando um ao outro novas significações. A arte, ao abordar e abraçar, com imagens visionárias, questões tão diversas como a ecologia, a política, a ciência, a tecnologia, a geometria, a mídia, o inconsciente coletivo, a sexualidade, as relações sociais, a ética, entre tantas outras, permite que na cartografia se desloque o documentário para o território das **Conexões Transdisciplinares**. Que sejam estas então: livres, inúmeras e arriscadas.

Proposta: Apresentação do Território Conexões.

Material Base
- Assistir o DVD MACROFOTOGRAFIA DO JUAREZ SILVA , da caixa MEC/ TV Escola, parte: documentário

Atividades
a) Discussão no fórum, levantar aspectos destacados no DVD.
b) Escrita de um relato de experiência
voltar ao topo
- Território Conexões Transdisciplinares - Professoras mediadoras: Jaqueline e Katyuscia - semana 1 (23 abr a 29 abr)
- Território Conexões Transdisciplinares - Professoras mediadoras: Jaqueline e Katyuscia - semana 2 (30 abr a 06 maio)
- Território Conexões Transdisciplinares - Professoras mediadoras: Jaqueline e Katyuscia - semana 3 (07 maio a 13 maio)
- Território Conexões Transdisciplinares - Professoras mediadoras: Jaqueline e Katyuscia - semana 4 (14 maio a 20 maio)Priscila , Aline Mendes, LAine Machado, Julmara, Jésica
- Território Conexões Transdisciplinares - Professoras mediadoras: Jaqueline e Katyuscia - semana 5 (21 maio a 27 maio)Eleida, Laila , Tania, Marilda
- Texto de Apoio: "Interfaces digitais nas cartografias de si"
- Relato de Experiência

Espaço Dourado - Zarpando

Ponto de partida. Escolha uma direção, trace uma rota, a viagem vai começar! Prepare sua bagagem, reúna o que é necessário. Estude. Você irá zarpar, o rumo você escolhe. A paisagem se desdobrará durante o percurso. Com você, irão seus alunos. Algumas pistas são necessárias até para os viajantes mais experientes. Planeje a sua viagem. Observe. Avalie. Reveja suas anotações, reavalie a direção. Recolha as impressões, as sensações e as expressões. Tudo é matéria. Ao retornar da viagem, recolha o que foi percebido. Tanto o que você indicou, quanto o que não foi previsto. Mostre o caderno de viagem com suas anotações, as imagens recolhidas e o traçado do plano de viagem. Toda a descoberta merece ser compartilhada.

Proposta:
Sugestão de roteiro para elaborar um plano de ensino.
O quê? Escolha um DVD da caixa do MEC. Assista e estude o caderninho (encarte) que o acompanha. Pense em todas as possibilidades que ele oferece, nos conteúdos de ensino.
Para quem? Pense em uma turma de alunos, ou em um grupo de estudantes de determinada idade, e trace o perfil deles. O que você julga ser interessante para esse grupo?
Por quê? O que justifica a aula que você está pensando? O que acrescentará para você, os alunos, escola e comunidade.

Planeje as atividades da sua aula, as questões, os rumos, os encadeamentos. Que materiais você precisará? Cada atividade demanda um certo tempo. Organize os tempos do seu plano de ensino. Quanto tempo será necessário?
Então? Como você avaliará o processo e os resultados? Reúna suas anotações e as imagens captadas por foto ou vídeo.

Material Base:
- DVD à sua escolha diferente dos já trabalhados nos territórios desse curso

Atividades (coloque as três no caderno de viagem)
a) Elaboração de um plano de ensino a partir do DVD escolhido por voce, diferente dos títulos trabalhados nesse curso. (Esse plano difere dos trabalhados em outros territórios. Esse plano voce irá aplicar, registrar tudo e avaliar)
b) Relatório da aplicação em sala de aula (envie esse no espaço nomeado "caderno de viagem")
c) Registros (imagens, vídeos, etc (Envie também no espaço nomeado " caderno de viagem")
voltar ao topo

- Divisão da turma
- Fórum de dúvidas e orientações - Professora Jaqueline
- Fórum de dúvidas e orientações - Professora Katyuscia   43 mensagens não lidas
- Fórum de dúvidas e orientações - Professora Simone   26 mensagens não lidas
- Caderno de viagem

SEMINÁRIO PRESENCIAL - ENCERRAMENTO DO CURSO

Caros Professores Aprendizes,

Como consta em nosso calendário no plano de ensino, no dia 20 de julho (sexta-feira) teremos um encontro presencial, a presença é *opcional*. Para aqueles que gostariam de assistir e não podem vir até Porto Alegre, disponibilizaremos o seminário por videoconferência.
Para isto necessitamos saber quem terá disponibilidade para vir ou quem irá assistir por videoconferência, para tal solicitamos que respondam a enquete abaixo (que está disponível até 18 de junho para ser respondida).

Data: 20 de julho de 2012 (sexta-feira)
Convidadas: profa Paola Zordan e profa Maria Cristina Villanova Biazus
Programação: em breve!
Horário: 14h às 17h30
Local: Auditório da Faculdade de Educação / Campus Central - UFRGS
? Seminário Presencial

http://moodle2.cinted.ufrgs.br/

Impressão: Reproset